Hotelier
English in Action
호텔리어
액션영어

강희석 · 남태석 · Daniel Kessler · 윤미정 · 최현준 공저

🅑 (주)백산출판사

● 싱가포르, 마리나 베이 샌즈 호텔

책을 펴내며

이 책은 호텔리어를 위한 친절한 실무영어를 담아 호텔을 방문하는 고객에게 접대하듯이 가장 품격 있고 정중한 언어로 의사를 전달할 수 있도록 구성했다.

또한 호텔 내에서 실제로 행해지는 업무부터 현관 및 객실 업무, 숙박 부분, 식음료 부분으로 나누어서 다루었다. 이 중 호텔에서 큰 비중을 차지하는 수익원은 숙박 부분이다. 호텔 객실은 관광에 대한 주체, 객체의 동기로 관광객 체류 시의 숙박 기능 즉 주거공간과 같이 이용되고 있다. 따라서 객실 공간은 이용하는 고객에게 본인이 거주하는 집과 같은 편안함을 주는 디자인 설계로 더욱 안정되고, 더욱 청결하며, 항상 안락함을 추구할 수 있도록 해야 한다.

외국의 비즈니스 방문객 및 관광객들이 한국 호텔 이용 시에 사용하는 영어에 대응하기 위해 호텔의 예약, 이용안내, 룸서비스, 전화서비스, 관광안내, 하우스키핑, 레스토랑 예약, 식사의 메뉴 등의 파트에서 각 장면마다 기본이 되는 실무회화를 소개하였다.

호텔리어 액션영어라는 전문분야에 관심을 가진 분들에게 조금이라도 보탬이 되었으면 하는 바람입니다. 끝으로 이 책이 출판되기까지 애써주신 백산출판사 관계자 여러분께 감사드립니다.

2022년 10월
저자 일동

Contents

Ⅲ 식음료

Ⅳ 호텔리어 핵심용어

Hotelier
English in
Action

I

호텔의 역사

● 충북 유일의 5성급 그랜드 플라자 청주 호텔
　(구)라마다 그랜드 플라자 호텔

I 호텔의 역사

최초에 인류가 생존을 위해 이동하고 교류하면서부터 숙박업은 시작되었다고 할 수 있다. 고대시대 숙박업의 목적은 생존을 위한 것 그리고 물질 획득뿐만 아니라 생명 보호 및 종족 유지를 위한 것으로 보이며, 농경사회가 시작되면서 주거형태가 성착되었고, 생활에 필요한 필수품을 확보하거나 교환하는 형태로 이어지면서 새로운 상거래가 활발하게 이루어졌고 이는 여행이라는 형태로 이어졌다. 고대시대부터 무역, 종교여행, 스포츠 교류 등 다양한 목적의 여행 현상이 발생하면서 숙박시설은 존재해 왔다. 현재의 호텔과 유사한 개념의 Inn이라는 숙박시설이 등장하여 성업하였으며, Inn은 숙박시설의 기초적인 기능을 갖춘 숙박, 음식 제공, 안전에 필요한 부분만 갖춘 기본적인 숙박의 형태였다.

1. 고대시대의 숙박산업

고대시대에 여행업과 숙박업은 밀접한 관계가 있었으며, 제한적인 여행이라는 한계와 이동수단이라는 형태에서 숙박으로 발전하였다. 세계 문명을 창조한 수메르족의 화폐 발명(BC 4000년경)은 무역 교류의 확장과 교역자들을 위한 숙박시설의 필요성을 가져왔고, 숙박시설은 여행목적이 아닌 지역 간의 문화교류 및 종교 순례를 위한 것이었다. 고대 이집트에서는 메소포타미아(Mesopotamia)를 종교적 목적으로 여행하였고, 호텔의 개념으로 호스피탤리티센터(Hospitality center)라는 숙박시설도 등장하였다. 또한 로마시대에는 교육의 중심지인 로마를 중심으로 한 육로와 수로의 교통 발달로 귀족과 부유층, 공용, 상용, 요양목적의 여행자를 위한 숙박시설이 크게 발달하였음을 알 수 있다.

2. 중세시대의 숙박산업

중세시대에 여관과 같은 숙박시설의 기능은 주로 수도원이 대신하였다. 수도원에서 숙박할 수 없는 여행자들은 인(Inn) 형태의 민박 건물에 여러 개의 침대가 놓인 공동 객실을 사용하게 되었다. 중세시대의 숙박산업은 사업적인 영리를 목적으로 운영하기보다는 종교적인 개념의 성지 숙박 의미로 발전하게 되었다. 12세기부터는 영리목적의 숙박산업으로 전환되면서 길드 또는 조합을 결성하게 되었다.

이때부터 인(Inn)은 자격을 갖춘 영리업자에게 제한적인 허가를 제공했으며, 음주류를 판매하는 곳도 생기게 되었다. 14세기부터는 유럽의 교역성장으로 인하여 여행업 및 숙박업이 성행하는 시대를 맞게 되었고, 16세기 루터의 종교개혁으로 중세유럽은 문화적인 큰 변화를 맞이하면서 인(Inn)이 크게 확산되었다.

3. 근대시대의 숙박산업

　　근대시대의 숙박산업은 유럽을 중심으로 왕족, 귀족, 성직자들에게 제한적이면서 단순한 사교모임 장소로 호텔산업이 발전하게 되었다. 호텔 내부에는 고급스러운 실내 인테리어 장식을 도입하였고, 근대시대의 가장 큰 변화인 산업혁명을 거치면서 특수한 계층이 이용하는 호텔에서 대중적인 호텔기업으로 발전하는 계기가 마련되었다. 특히 미국은 대중적인 정보의 상호교환, 사교문화 장소를 제공하면서 호텔산업에 큰 발전을 가져왔고, 호텔의 다양한 특성과 합리적인 인테리어 구조 및 운영체계적인 부분에서도 실용적인 운영형태를 갖추었다. 리츠칼튼의 창립자인 스위스 출신 세자르 리츠(Cesar Ritz, 1850~1918)는 호텔요리를 고급화하였으며, 실내장식을 응용·고급화하여 호텔경영의 전문성을 살리고, 체인호텔의 효시가 되었으며, 상류층 유명 인사들의 영접 및 접대를 통한 마케팅 경영혁신을 주도하기도 하였다. 또한 1807년 독일의 온천지인 바덴바덴(Baden-Baden)에 건립된 바디셰 호프(Der Badische Hof)는 단순한 초기 숙박시설인 인(Inn) 형태에서 객실에 침실, 욕실이 딸린 숙박시설을 설비하였고, 냉수와 온수 공급이 가능한 객실, 호텔 현관에 아름다운 정원을 마련하여 근대 현대 호텔산업의 초석이 마련되었다. 독일 출신의 리하르트 시르만(Richard Shirmann, 1874~1961)은 Youth Hostel의 창시자로서 건전한 청소년 숙박시설을 발전시켰으며, 미국에서는 18세기 후반부터 호텔 규모나 호텔 객실 수에서 유럽 호텔산업보다 여러 면에서 발전하는 계기가 되었다. 미국의 호텔산업은 20세기에 들어와서 국내 여행인구의 증가와 상용(비즈니스)고객의 수준 높은 서비스 요구에 따라 숙박시설형태, 고객 서비스에 맞는 호텔이 등장하게 되었고, 상용객과 대중을 위한 스타틀러 호텔은 근대호텔 산업에서 '안락' '서비스' '청결'이라는 호텔의 기본적인 모델이 되어 지금까지 이어지고 있다.

4. 국내호텔의 역사

국내 숙박산업의 발달과정은 삼국시대, 고려시대, 조선시대를 거치면서 다양한 이름 (민박, 역관, 객주, 주막)으로 발전하였다. 우리나라의 근대 호텔산업 발전의 역사는 일본 인에 의해 1888년 인천에 건립된 '대불 호텔'이 효시였고, 1902년에 '손탁호텔'을 건립 하였으며, 손탁호텔은 정치 및 사교 중심지로서의 역할을 하였다. 1912년에 부산과 신 의주 철도호텔이 건립되면서 우리나라의 철도발전과 더불어 철도이용객의 편의를 위해 처음으로 숙박시설을 도입하였다. 1914년에는 조선호텔이 건립되었고, 1936년에는 국 내 최초의 상용호텔인 반도호텔이 오픈하게 되었다. 상용호텔의 대표적 양식을 도입한 최대의 시설 규모로 객실 111개(개관 당시는 96개, 이후 증축), 서구식 호텔로 150명의 숙 박 인원을 수용하였다. 1950년 6.25전쟁 이후 본격적으로 민영호텔이 생겨나면서 우

리나라 호텔의 역사는 시작되었다. 1963년에 는 국제적인 규모나 시설에 손색없는 한국관 광공사에서 운영하는 워커힐 호텔이 개관되었 다. 이후 사보이 호텔, 아스토리아, 메트로 호 텔 등이 오픈하였으며, 1970~1980년 사이에 민간자본이 대거 참여하였다. 1980년 후반에 는 '86년 아시안게임과 88년 서울올림픽' 등을 유치하여 우리나라 호텔산업이 큰 도약을 하 였다. 대기업의 호텔사업 진출이 본격적으로 확대되었고, 국제적 체인 호텔인 라마다 인터 콘티넨탈, 파크하얏트, 그랜드 앰배서더 등이 개관하였다.

5. 호텔의 특징

🧳 시티호텔(City hotel)

A large hotel located in the heart of the city, the so-called famous first-class hotels. The word 'city hotel' is derived from Japanese English.

(도시 번화가에 입지한 대형 호텔. 소위 유명 일류 호텔. 시티호텔이란 말은 일본식 영어임)

🧳 비즈니스호텔(Business hotel)

Located in the downtown area, it is a relatively small and affordable hotel mainly for business travelers.

(도시 번화가에 위치하였고, 주로 업무출장자의 숙박을 대상으로 하여 비교적 소형 으로 싼 요금의 호텔)

🧳 고급 비즈니스호텔(Luxury business hotel)

A large-scale business hotel located in a new building in front of a metro station or in a redevelopment area.

(대도시 쪽의 역 앞이나 재개발 지역 등에 신축한 건물에 입지해 있는 호텔의 규모가 큰 비즈니스호텔)

📼 모텔(Motel)

An accommodation close to a business hotel near the national highway or a highway interchange.

(국도 연변이나 고속도로 인터체인지 부근에 있는 비즈니스호텔에 가까운 숙박시설)

📼 관광·리조트호텔(Tourist·Resort hotel)

Accommodation facilities are located in resorts such as hot spring areas, coastlines, and highlands. In Japan, resort hotels mainly operate in hot spring areas that offer hot spring sauna facilities and recreational facilities that can be used together within the hotel.

(온천지역, 해안, 고원 등의 리조트에 입지해 있는 숙박시설. 일본에서는 주로 온천지역에서 영업하는 리조트호텔의 경우, 관내에 공동으로 사용할 수 있는 온천 사우나 시설과 휴양시설을 소유한 호텔)

● 자료: 대구 인터불고 호텔(만촌동)

🧳 캡슐호텔(Capsule hotel)

A capsule hotel is an accommodation facility with an extra bed in the shape of a capsule.

(캡슐호텔은 캡슐모양의 간이침대가 제공되는 숙박시설이며, 일본에서 현재 가장 유행하는 독특한 형태의 호텔)

● 자료: 호텔리어 실무일본어(백산출판사)

🧳 펜션(Pension)

An accommodation with a western-style exterior and interior facilities, and mainly serving western cuisine.

(서양식의 외관과 실내설비를 하고, 식사도 주로 서양요리를 제공하는 숙박시설)

🧳 여관 및 민박(Inns and Guest House)

Accommodation facilities with traditional structures and facilities. Guest rooms are also small hotels operated in a traditional way, used by tourists and leisure guests, and most of them are family-run hotels.

(전통방식의 구조 및 설비를 한 숙박시설. 객실도 전통방식으로 운영되는 작은 호텔로 관광·레저 고객이 이용하고, 대부분 가족경영으로 운영하는 호텔)

● 자료: 일본 야후

Common Sense of Etiquette in the USA

ALWAYS TIP THE BARTENDER

This section is all about important laws of the land that you need to know if you're planning on traveling through, or living in, the United States. This is the vital information you need to have to avoid offending Americans by disrespecting their culture.

TIPPING CULTURE

The word tip comes from the old English slang meaning "to give." Americans usually tip in airports, hotels, restaurants, taxis and hair salons. People who work in these places often get paid very low hourly wages and they depend on customers tipping in order to survive. A tip shows that the customer is pleased with the service, but sometimes it's hard to know how much to tip. The size of the tip usually depends on the type of service, as well as the quality. Parking and valet drivers or bellhops (people who assist you with your baggage at hotels) usually get smaller tips ranging from $1 – $5. Tips for taxi drivers, waiters, and waitresses are usually larger, and are relative to the bill. For an $8 taxi ride, give a $10 bill. For a $25 meal, give the server $30.

GUIDELINES FOR TIPPING

You tip at the end of a service. Parking: $1 for a basic parking garage Hotel housekeeping: $1 to $5 per night in a nice hotel Taxi drivers: 15 percent of the bill and possibly more if they help with luggage Waiter or waitress (food server): 15 – 20 percent of the bill Barbers and hairstylists: 15 percent of the service cost Nail salons: 10 – 20 percent depending on the quality of service Bartender: At least $1 per drink or shot

* Refusing to tip in the US is almost as rude as yelling at an elderly person in Korea.

If you do not tip in a restaurant, pub or bar, you may be unwelcome at that establishment in the future, and you will probably ruin your server or bartender's day. Many people working in these professions are literally depending on, and surviving on, their tip money. They make very little money hourly so tipping them is important. By tipping you also get better service, because the server wants to make sure that you are happy.

If a meal at a restaurant costs $16 you should just give $20 and let the server keep the change. With alcohol, an easy rule is to tip $1 for every drink or shot you purchase, so if you get two beers, you leave $2 or more as a tip. I even tip $1 when I get water, and I never have to wait long when I need something from the bartender.

* If you have a meal delivered to your home, you must tip the delivery person. If you go to a restaurant to pick up food that you ordered, you do not have to tip.

* Any eating establishment where you order food at a counter is one in which tipping is unnecessary.

II 현관 및 객실업무

호텔 수영장

II 현관 및 객실업무

호텔산업은 주로 객실 위주의 시설을 갖추고, 호텔의 주력상품인 객실상품으로 구성되어 있으며, 호텔의 순수익 측면에서는 객실상품의 수익이 높은 편이다. 호텔산업의 지표가 되는 요소는 호텔의 객실 수, 객실시설, 객실 판매 수, 객실점유율, 객실평균요금 등으로 대부분 호텔객실 영업을 기준으로 삼고 있다.

● 자료: 네이버 트립토파즈 예약사이트

1. 사전예약(Advance Reservation)

The internet environment is indispensable for business and travel, so it is convenient to check before booking whether the internet has an additional fee.

(비즈니스와 여행에서 빠트릴 수 없는 것이 인터넷 환경으로 객실에 유료인지 예약 전에 확인해 두면 편리하다.)

● 자료: 청주 그랜드 플라자 호텔

Is the internet available in the room?
객실에서 인터넷을 할 수 있습니까?

Yes, you can use WIFI for free in the room and the in the lobby.
예, 방과 로비에서 WIFI를 무료로 사용할 수 있습니다.

It is 2,000 won per hour, and 10,000 won per day.

1시간에 2,000원, 하루에는 10,000원입니다.

The internet connection differs depending on the hotel location.

호텔장소에 따라 접속환경이 다릅니다.

Is there a shuttle bus that can pick us up from the airport?

공항으로 마중 오는 셔틀버스가 있습니까?

Yes, there is a free shuttle bus service.

예, 무료 셔틀버스 서비스가 있습니다.

How can I ride it? How much does it cost?

어떻게 타면 됩니까? 요금은?

It's free of charge.

무료입니다.

I'm going to pick you up at the airport.

Please inform us of your arrival time and your flight.

공항까지 마중하러 가겠습니다. 도착시간과 항공편을 알려주십시오.

The flight number is OZ 001, arrival at 9:30 PM.

항공편 번호는 OZ 001이고, 오후 9시 30분에 도착합니다.

You can reach the hotel by airport shuttle bus or taxi. The airport shuttle bus costs 20,000 won, and a taxi takes about 30 minutes at around 40,000 won.

호텔이용은 공항 셔틀버스 또는 택시로 이동하시면 됩니다. 공항 셔틀버스 비용은 2만 원이며, 택시는 4만 원 정도로 약 30분 소요됩니다.

Please call us when you arrive at the airport.

공항에 도착하시면 전화를 주세요.

I will meet you.

마중 나가겠습니다.

It rotates every 15 minutes.

15분 간격으로 돌고 있어요.

Please wait at the hotel signboard.

호텔 간판이 있는 곳에서 기다려주세요.

I haven't made a reservation yet, so I'll get back to you later.

아직 예약하지 않았으니 나중에 연락하겠습니다.

Can I bring my cat (or puppy)?

고양이(강아지)를 데리고 갈 수 있습니까?

Cats (dogs) are not allowed in the hotel.
Please use the pet hotel nearby.

호텔에 고양이(강아지)를 데리고 올 수 없습니다.
호텔 주변에 애완견 호텔을 이용해 주시기 바랍니다.

I would like to take my cat (dog) with me.

고양이(강아지)를 데리고 가고 싶습니다.

When staying with a pet, an additional charge of KRW 30,000 per night is incurred, and there are restrictions on places the pet can go.

애완견 이용 시에는 1박에 추가 요금 3만 원이 발생되며, 호텔 이용 시에는 안전한 숙박을 위해 장소 제약이 있습니다.

For more information, please visit the hotel website.

자세한 내용은 호텔 홈페이지를 이용해 주시기 바랍니다.

2. 객실예약(Room Reservation)

　　호텔(Hotel)업무는 첫 번째가 예약으로부터 시작된다. 대부분의 투숙객은 예약을 하고 체크인을 하게 됩니다.

　　Hotel business starts with a reservation. Most guests make a reservation and then check in.

● 자료: 청주 그랜드 플라자 호텔

1) 온라인 예약

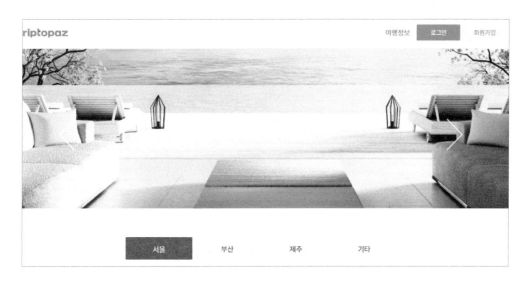

- Online Reservation for Domestic Accommodation
  (국내 숙박 온라인 예약)
- Online Reservation Service
  (온라인 예약 서비스)
- Reservation Completed Online
  (인터넷으로 예약완료)

- Domestic Hotel Reservation (국내호텔 예약)
- Overseas Hotel Reservation (해외호텔 예약)
- Reservation Service Agent (예약서비스 대행)

컨벤션 웨딩 예약 온라인

차별화된 서비스와 편안한 힐링,
도심 속 휴양지에서 아늑함을 선사합니다.

그랜드볼룸

직지홀

Reservation of rooms/restaurants/banquets/party/wedding
객실·레스토랑·연회/파티·웨딩의 예약

What would you like to reserve?
예약하고 싶은 것은 무엇입니까?

Hotel room 호텔 객실	**Restaurant in the hotel** 호텔 내 레스토랑
Reservation for a wedding 웨딩을 위한 예약	**Banquet hall, party planning** 연회장, 파티 계획

Hotel room reservation
호텔 객실 예약

Booking online
온라인으로 예약

Reservation via hotline
전화로 예약

Date of stay
숙박 일자

Number of nights
숙박 일수

After deciding on your reservation details, please enter the reservation information.
검색 예약이 끝나면 예약 필요사항은 입력

자료: 네이버 호텔예약

🧳 ~박(Nights)

1 night 1박	2 nights 2박	3 nights 3박	4 nights 4박	5 nights 5박
6 nights 6박	7 nights 7박	8 nights 8박	9 nights 9박	10 nights 10박

🧳 Hotel accommodations can usually be reserved up to 6 months in advance via the Internet or by calling the hotline.

호텔 숙박은 대개 인터넷 혹은 전화로 6개월 전까지의 예약이 가능합니다.

2) 전화예약

Hello. Is this the Grand Hotel Gyeongju?
여보세요. 그랜드호텔 경주입니까?

Yes, this is the Grand Hotel Reservation Department.
예, 그랜드호텔 예약부서입니다.

I would like to reserve for a twin room for tomorrow night, how much is it per night?
내일 밤, 싱글 룸을 예약하고 싶습니다만, 1박에 얼마입니까?

It is 200,000 won per night.
1박에 20만 원입니다.

Are there any cheaper rooms?
좀 더 저렴한 객실은 없습니까?

We have a smaller room, and the room is available for 150,000 won.
조금 작은 객실입니다만, 15만 원 객실이 비어 있습니다.

Could you help me reserve the smaller room please?
작은 객실로 예약해 주세요.

What time are you arriving?
몇 시경에 오십니까?

I'll be arriving around 4 pm.
오후 4시경입니다.

Hello, is this the Grand Plaza Hotel?
여보세요, 그랜드플라자 호텔입니까?

Hello, I am the room reservation manager.
예, 객실 예약지배인입니다.

My name is David, can I make a reservation?
David이라고 합니다만, 예약할 수 있습니까?

I would like to reserve a room.
객실을 예약하고 싶습니다.

I would like to reserve a double room.
더블 룸을 예약하고 싶습니다.

Is this Lotte Hotel? May I talk to the person in charge of reservations?
롯데호텔입니까? 예약 담당자를 부탁드립니다.

This is the reservation manager, Hee Suk Kang speaking.
예약담당 강희석입니다.

I am a tourist from USA.
저는 미국에서 온 관광객입니다.

Is that so? Please tell me when you would like to make a reservation?
그렇습니까? 용건을 말씀해 주세요.

Do you have single rooms from 29 May to 30 May 2022?
2022년 5월 29일부터 5월 30일까지 싱글 룸이 있습니까?

From the 29th of May.
5월 29일부터 말씀이죠.

Let's see if there are any available rooms.
이용하실 수 있는 객실이 있는지 알아보겠습니다.

Sorry to keep you waiting. There are rooms available.
기다리시게 해서 죄송합니다. 객실은 있습니다.

Which type of room would you like?
어떤 객실이 좋겠습니까?

I would like a room with an ocean view.
바다가 보이는 전망 좋은 객실이 좋습니다.

A slightly quieter room is better if possible.
가능하면 조금 조용한 방이 좋습니다.

Thank you, from when?
고맙습니다, 언제부터입니까?

Yes, from when and how long are you planning to stay?
예, 언제부터 얼마나 묵으실 예정입니까?

How many days are you planning to stay?
며칠 정도 묵으실 예정입니까?

It is from 3rd May.
5월 3일부터입니다.

I would like to stay for 2 nights in a double room.
더블 룸으로 2박하고 싶습니다만.

Yes, I understand. It's from May 3rd.
예, 알겠습니다. 5월 3일부터군요.

Please wait a moment.
잠시만 기다려주십시오.

Let's check if there are any vacant rooms on May 3rd.
5월 3일에 빈 객실이 있는지 체크해 보겠습니다.

Hello, sorry to keep you waiting.

여보세요, 기다리시게 해서 죄송합니다.

There are rooms.

객실은 있습니다.

Please provide the guest's name and contact information.

손님의 성함과 연락처를 말씀해 주십시오.

We're sorry, but June 4th is full.

죄송합니다만, 6월 4일은 만실입니다.

Reservations are closed from June 4th to June 6th.

6월 4일부터 6월 6일까지는 예약이 끝났습니다.

I'm sorry, but there is no single room on that day. There is only a double room available, are okay with that?

죄송합니다만, 그날은 싱글 룸은 없고, 더블 룸뿐입니다만, 괜찮으신가요?

The single room is fully booked.

싱글 룸은 예약이 끝났습니다.

Is that so? Then, please put my name on the waiting list for any cancellations.

그렇습니까? 그럼 예약 취소 대기자로 부탁합니다.

Okay, we will put you on a waiting list for cancellations.

그럼 예약 취소 대기자로 해두겠습니다.

Hello, Are you the reservation department at the Shilla Seoul Hotel?

여보세요, 서울 신라호텔 예약부서입니까?

Yes, that's right.

예, 그렇습니다.

Are there any rooms available on the weekends?

주말에 이용할 수 있는 객실이 있습니까?

Please wait a moment. I'll check.

잠시만 기다려주십시오. 확인해 보겠습니다.

Yes, there are different types of rooms available.

예, 다양한 타입의 객실이 있습니다.

Please tell us your available room types and promotional rates.

객실 종류와 프로모션 요금을 알려주세요.

Yes, I understand.

예, 알겠습니다.

A single room is 150,000 won per night, a double room is 200,000 won, a twin room is 220,000 won, a suite room is 500,000 won, and an ondol room is 240,000 won.

싱글 룸이 1박에 15만 원, 더블 룸이 20만 원, 트윈 룸이 22만 원, 스위트 룸이 50만 원 그리고 온돌객실은 24만 원입니다.

Thank you.

I will check on more details when making a reservation, have a nice day.

감사합니다.

좀 더 자세한 것은 예약할 때 확인하겠습니다.

좋은 하루 되세요.

Common Sense of Etiquette in the USA

🔍 SALES TAX

In addition to tipping, you may have to pay sales tax. Sales tax varies from state to state, depending on the specific product or service. As of 2014, 45 of the 50 states in the USA charged a sales tax. In California, the sales tax is 7.5 percent.

This means that in California, if you see an item on a restaurant menu for $10, not only do you have to give a tip, but you also have to pay a sales tax of $0.75, which will increase the cost of your meal. The cost will be $10.75 plus tip.

3. 예약변경(Reservation Changes)

Hello, are you the Hilton Hotel Reservation Department?
여보세요, 힐튼호텔 예약부입니까?

Please tell us the room types and the rates.
객실 종류와 요금을 알려주세요.

Yes, this is Ted speaking in charge of reservations.
예, 예약담당 Ted입니다.

I am Daniel who made the reservation yesterday.
저는 어제 예약한 다니엘입니다.

My schedule has changed due to my work.
업무로 스케줄이 바뀌었습니다.

So, I would like to change the hotel reservation as well.
그래서 호텔 예약도 변경하고 싶습니다만.

Daniel's reservation is for 2 nights from September 6th.
다니엘 씨의 예약은 9월 6일부터 2박이군요.

Yes, that's right.
예, 그렇습니다.

How would you like to change it?
어떻게 변경하시고 싶습니까?

I would like to stay 1 night from October 9th. Do you have a room for that date?

10월 9일부터 1박으로 하고 싶습니다만, 객실은 있습니까?

Please wait for a while.

Let me check if there are any vacant rooms.

잠시 기다려주십시오.

빈 객실이 있는지 확인해 보겠습니다.

Hi Daniel, October 9th is fine.

다니엘 씨, 10월 9일도 괜찮습니다.

Then we will change the reservation to 1 night on October 9th.

그럼 예약을 10월 9일 1박으로 변경하겠습니다.

And can I get a room with twin beds?

그리고 객실은 트윈으로 괜찮습니까?

Yes, sure.

예, 좋습니다.

Okay.

알겠습니다.

We are waiting for your arrival.

다니엘 씨의 도착을 기다리겠습니다.

Thank you very much. Have a nice day.

정말 감사합니다. 행복한 하루 되세요.

4. 예약확인(Reservation Confirmation)

Hello, is this the Grand Plaza Hotel Reservation Department?
여보세요, 그랜드 플라자 호텔 예약부입니까?

Yes, this is Danny from the Grand Plaza Hotel Reservation Department.
예, 그랜드 플라자 호텔 예약부 대니입니다.

This is Larry who booked a room on December 10th, I am calling to reconfirm my reservation.
저는 12월 10일 방을 예약한 Larry로, 예약을 확인하기 위해 전화를 합니다.

Please wait a moment.
I will confirm your reservation right now.
잠시만 기다려주십시오.
바로 지금 예약을 확인하겠습니다.

Hello, thank you for waiting.
여보세요, 기다려주셔서 감사합니다.

The guest's reservation is a double room for Mr. Larry and his wife and a single room for the secretary, and the stay period is 3 days from January 6th.
고객님의 예약은 Larry 사장님 부부 더블 룸과 비서용 싱글 룸, 숙박기간은 1월 6일부터 3일간으로 되어 있습니다.

Yes, that's right.
예, 그렇습니다.

Thank you very much for calling our hotel.
저희 호텔에 전화 주셔서 정말 감사합니다.

Hello, is this the number 4321-5678 of the Grand Hotel?

여보세요, 그랜드호텔 4321-5678 번호입니까?

Yes, that's right. How can I help you?

예, 그렇습니다. 무엇을 도와드릴까요?

This is Hee Suk Kang from the Grand Plaza Hotel. May I talk to Danny, please?

저는 그랜드 플라자 호텔 강희석입니다만, 대니 씨를 부탁합니다.

It's Danny, may I know who this is?

대니입니다만, 누구십니까?

Hello, Mr. Danny.

대니 씨.

My name is Hee Suk, Kang from Grand Plaza Hotel.

저는 그랜드 플라자 호텔 강희석입니다.

Excuse me, are you available to talk for a minute?

죄송합니다만, 지금 잠시 통화 가능하신지요?

I just called to confirm the twin room reservation that you made on February 5th.

일전에 2월 5일에 예약하신 트윈 룸 예약을 확인하기 위해서 전화를 드렸습니다.

Are there any reservation changes?

예약 변경은 없습니까?

There are no changes to the reservation.

예약에는 아무런 변경도 없습니다.

Okay. Then we will wait for you according to the schedule that you have reserved.

알겠습니다. 그럼 예약 주신 일정으로 기다리고 있겠습니다.

5. 객실 타입(Room Type)

📠 Singel Room(싱글 룸)

The single room is equipped with a single bed.

(1인용 베드 사이즈는 110m×90m)

● 자료: 트립토파즈 호텔 예약 사이트

🧳 Double Room(더블 룸)

A room for two people with a double bed.

(2인용 베드 사이즈는 200m×190m)

● 자료: 트립토파즈 호텔 예약 사이트

💼 Twin Room(트윈 룸)

Room for 2 people with 2 single beds.

(1인용 베드를 2개 설비한 2인용)

● 자료: 트립토파즈 호텔 예약 사이트

🧳 Triple Room(트리플 룸)

A room for 3 people with an extra bed in a twin room.
(트윈 룸에 Extra bed를 넣어 3인이 숙박)

● 자료: 트립토파즈 호텔 예약 사이트

🧳 Family Room(가족 룸)

The triple room has an extra bed can be used by 4 or more people.

(트리플 룸에 Extra bed가 설치되어 있는 것으로 4인 이상이 사용)

⬦ 자료: 트립토파즈 호텔 예약 사이트

📋 Suite Room(스위트 룸)

A room in which a bedroom is joining another room, such as a living room or extra bedroom.

(침실에 거실, 응접실 등 다른 방이 쌍으로 딸린 객실)

● 자료: 트립토파즈 호텔 예약 사이트

6. 체크인이 늦어지는 상황

If your flight arrives late at night or is delayed more than expected, this is a conversation to contact the hotel. The main point is to speak slowly and clearly. In particular, the phone call is often difficult to understand.

Pay special attention while taking notes.

(비행기 도착시각이 밤늦은 경우, 혹은 예정보다 지연된 경우에, 호텔에 연락하는 회화입니다. 기본은 천천히, 확실히 큰 소리로 말하는 것입니다. 특히 전화는 알아듣기 어려운 경우가 많습니다. 메모할 때 특히 주의하세요.)

Hello, the check in seems to be late.
여보세요, 체크인이 늦어질 것 같습니다.

The flight is late, so it is likely that the arrival will be around 10 pm. Is this okay?
비행기가 늦어서 도착은 밤 10시경이 될 것 같습니다. 괜찮겠습니까?

Yes, no problem. We will hold the room reservation.
예, 문제는 없습니다. 객실 예약은 잡아놓겠습니다.

Can you tell me your name?
성함을 가르쳐주실 수 있습니까?

Thank you, this is Nam Tae-seok. Take good care of me.
고마워요, 남태석입니다. 잘 부탁드립니다.

Some facilities, such as small family-run hotels and pensions, do not have a 24-hour reception. If you are arriving late, please do not forget to contact us in advance, as well as call us from the airport upon arrival. This is important.

(가족들이 경영하는 소형 호텔이나 펜션처럼, 리셉션이 24시간 영업하지 않는 시설도 있습니다. 도착이 늦어지는 경우는, 사전에 도착시간을 잊지 말고 연락해 두는 것은 물론, 도착하는 대로 공항에서 전화해 두는 것이 중요합니다.)

Waiting for the shuttle bus for about 30 minutes,
there are no hotel shuttle buses. It's not coming yet.
30분 정도 셔틀버스를 기다리고 있습니다만, 호텔의 셔틀버스가 오지 않습니다.
아직 오지 않았습니다.

Where are you now?
지금 어디에 계십니까?

This is the shuttle bus that stops in Terminal 1.
터미널 1의 셔틀버스 승강장입니다.

I'm leaving in about 10 minutes. Please wait a little longer.
10분 정도 후에 가니까 조금만 더 기다려주십시오.

I'm really very sorry.
The room is not ready yet.
정말 죄송합니다. 아직 객실 준비가 되어 있지 않습니다.

Depart by taxi. Please cancel the shuttle bus.
택시로 출발합니다. 셔틀버스는 취소해 주세요.

Common Sense of Etiquette in the USA

🔍 JAYWALKING

* Jaywalking is crossing the street without waiting for the light or crossing where there is no crosswalk.

Jaywalking is illegal in many cities. In major tourist areas like the Las Vegas strip and Waikiki Beach in Hawaii, jaywalking will get you a ticket just like drinking on the street. On the other hand, in New York, jaywalking is a common behavior and people are rarely ticketed for it. In rural areas and small towns, it's almost always okay to cross the street wherever you like. If you do decide to jaywalk, pay attention to your surroundings — are other people jaywalking? This will help you to decide if it's okay to cross the street wherever you want, or if you should be using a crosswalk. If you see locals doing it, it is probably okay, but when in doubt, obey the law.

🔍 DON'T HONK YOUR HORN UNLESS IT IS ABSOLUTELY NECESSARY

I was once a passenger in my friend's car in Phoenix and my stupid friend, driving aggressively, honked at a car that was moving slowly. When we stopped at the traffic light, a gun was pointed at me and my friend. It was very scary.

Only honk your horn if you are in a big city in a necessary situation. If you are in a smaller city in or a suburban area, do not honk your horn like many Korean drivers do. Americans might be very angry at this driving behavior. Some Americans have guns in their cars and may pull one out on you if you honk at them.

⚲ BUS AND TRAIN STATIONS

In the biggest American cities, public transportation doesn't even compare to Korea's in terms of efficiency, cost, technology, cleanliness, safety, speed and consistency. Unlike in Korea, bus and train stations are very dangerous places where criminals like to work.

These places have a very bad reputation and often deserve it. This is because thousands of people move through these public areas every day, providing criminals with a wide variety of potential targets. However, unlike at airports, there is significantly less security at ground transportation terminals and the people using this type of transportation typically can't afford to travel by car or airplane. Remember that in the US, most people drive cars.

* When in these areas, be alert and keep your children or valuables very close to you.

While traveling, it is best to avoid being in these types of places whenever possible, especially at night. Be hyper-aware while at train or bus stations, stay in well-lit, public areas and be careful when talking to people you don't know, especially men who are not traveling with a woman.

* If you are in these areas, anyone around you is a RED FLAG.

If you're traveling with luggage, don't leave it outside a restaurant, bar, or store while you go inside, unless you absolutely have to. If you must leave your valuables or luggage somewhere, make sure it's visible to you during the entire time you're away from it. Even when sitting at a table or in a waiting area, keep luggage, backpacks, purses or other belongings in your sight.

These places also have some of the most dangerous public restrooms you will ever consider using, so be extremely careful when using them, especially with young children. Never let a child go alone into a public restroom. If you're a man, go into the stall instead of using the urinal when you use a public restroom.

GAS STATIONS

Much like bus and train stations, gas stations have a very well-deserved bad reputation. Gas stations see a lot of cars through every day, and consequently provide criminals with a wide variety of potential targets.

If you pull up to a gas station in your car and you see people standing near the pumps who obviously don't have cars, you can always go to the next gas station. Sometimes these people hang around gas stations and beg for money. Avoid them. Most gas stations are located in clusters, so it's easy to avoid danger by choosing a new station.

Another note about gas stations: the last thing you want to do is get lost in a dangerous, unfamiliar neighborhood and have to use a gas station. When you do find a gas station in a safe neighborhood, fill up your tank completely.

＊ A homeless-looking person at a gas station is a RED FLAG.

7. 체크인 서비스(Check in Service)

If you arrive earlier than the check in time, first check if you can enter the room. If you can't, you can leave your luggage inside the hotel and move around. Generally, the hotel check in starts at 3 pm.

(체크인 시간보다 일찍 도착했다면, 먼저 객실에 들어갈 수 있는지 확인합시다. 만약 들어갈 수 없어도 호텔 내부에 짐을 맡기면 가볍게 움직일 수 있습니다. 호텔 체크인 시간은 대부분 오후 3시에 시작됩니다.)

Welcome. Are you going to check in?
어서 오세요. 체크인하실 겁니까?

Yes, can I check in right now?
예, 지금 바로 체크인할 수 있습니까?

Please indicate your name when making a reservation.
예약할 때의 성함을 말씀하십시오.

Ted made a reservation by name.
Ted라는 이름으로 예약했습니다.

I'm really sorry. The room is not ready yet.
정말 죄송합니다. 아직 객실 준비가 되어 있지 않습니다.

So, can I leave my luggage until check in time? I'll be back in about 3 hours.

그럼, 체크인 시간까지 짐을 맡길 수 있습니까? 3시간 정도 후에 돌아오겠습니다.

Yes, of course.

예, 물론입니다.

Can you answer the phone when you're ready?

준비가 끝나면 전화를 받을 수 있겠습니까?

That cell phone number is 010-1234-5678.

제 핸드폰 번호는 010-1234-5678입니다.

If you leave it, be sure to keep your important valuables with yourself, and make sure to lock the keys with your luggage.

(만약 맡긴 경우 귀중품은 반드시 스스로 보관하고, 맡긴 짐에도 반드시 열쇠를 채워 둡시다.)

Welcome to our hotel. Will you stay?

어서 오세요. 숙박하실 겁니까?

Yes, I have not made a reservation, but are there any rooms available?

예, 예약하지 않았습니다만, 객실은 있습니까?

I'm sorry, but we only have a suite room today.

죄송합니다만, 오늘은 스위트 룸뿐입니다.

8. 호텔 이용안내(Hotel Information)

What time does it open?
몇 시에 오픈합니까?

It is open from 6 am to 9 pm.
아침 6시부터 오후 9시까지 영업합니다.

Can anyone use it?
누구든지 이용할 수 있습니까?

It is free for guests who stay at the hotel.
고객님이 호텔에 숙박하신다면 무료입니다.

Change into your swimsuit in the locker room.
로커에서 수영복으로 갈아입으세요.

Customers wishing to take a lesson, please register at the desk.
레슨을 희망하는 손님은 데스크에서 등록해 주십시오.

For those with skin diseases or other health conditions, the pool is prohibited.
피부병이나 다른 종류의 병을 가지신 분은 풀장 금지하고 있습니다.

Massage or shaving service If you wish, please make a reservation.
마사지나 때밀이 서비스를 희망하시는 분은 예약을 부탁합니다.

Please do not bring magazines and newspapers into the sauna.
사우나 안에서는 잡지나 신문을 보시지 말아주십시오.

Hotel shuttle bus is available.
호텔 셔틀버스를 이용할 수 있습니다.

The shuttle bus runs every 30 minutes.
30분 간격으로 셔틀버스를 운행하고 있습니다.

The bus to the airport departs from there.

공항으로 가는 버스는 저쪽에서 출발합니다.

Tomorrow 9 am to 5 pm an English interpreter is required.

Can you make a reservation?

내일 오전 9시부터 오후 5시까지 영어 통역하시는 분이 필요합니다. 예약 가능하십니까?

We will check with someone who can interpret in English.

영어 통역하시는 분을 확인하겠습니다.

An English interpreter is a man, and the daily English interpreter fee is 300,000 won.

영어 통역하시는 분은 남자분이 가능하며, 하루 영어 통역비용은 30만 원입니다.

Please proceed with your reservation.

And just let us know in room number 305.

예약을 진행해 주시고, 객실번호 305호로 알려주세요.

Can I book a taxi to Daejeon leaving tomorrow morning at 9 am?

내일 오전 9시에 출발하는 대전까지 가는 택시를 예약할 수 있을까요?

Yes. I'll check. Thank you for your patience.

예. 확인해 보겠습니다. 기다려주셔서 감사합니다.

A long-distance taxi to Daejeon costs 500,000 won round trip including the tip.

May I make a reservation?

대전까지 가는 장거리 택시로 비용은 팁 포함해서 왕복 50만 원입니다. 예약해 드릴까요?

Yes. Please reserve. Payment will be made by card.

예. 예약 부탁드립니다. 지불은 카드로 하겠습니다.

🧳 호텔 조직표(Hotel Organization Chart)

General Manager (총지배인)	Sales Team (영업부)	Accommodation (숙박부문)
Front Desk (프런트)	Housekeeping (하우스키핑)	Banquet Department (연회부문)
Banquet Cooking (연회조리)	Banquet Service (연회서비스)	Restaurant Department (레스토랑부문)
Cooking (조리)	Restaurant Service (레스토랑 서비스)	Bar/Lounge (바·라운지)
Sales Department (세일부문)	Sales and Planning (영업·기획)	Business Support (경영지원)
Facility Management (시설관리)	Greetings and General Affairs (인사·총무)	Accounting and Finance (회계·재무)
Purchasing (구매)	Security (보안·경비)	Maintenance (영선)

9. 호텔 설비(Hotel Equipment)

1) 호텔 설비

Front 프런트	**Cloakroom** 휴대품 보관소	**New building** 신관
Main building 본관	**Annex building** 별관	**Entrance** 현관
Campus 구내	**Pool** 수영장	**Elevator** 엘리베이터

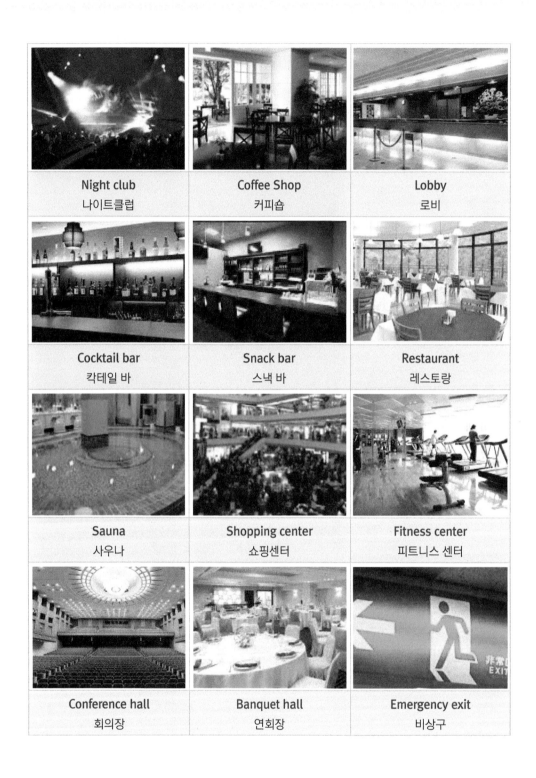

Night club 나이트클럽	**Coffee Shop** 커피숍	**Lobby** 로비
Cocktail bar 칵테일 바	**Snack bar** 스낵 바	**Restaurant** 레스토랑
Sauna 사우나	**Shopping center** 쇼핑센터	**Fitness center** 피트니스 센터
Conference hall 회의장	**Banquet hall** 연회장	**Emergency exit** 비상구

Event hall 이벤트 홀	**Lounge** 라운지	**Parking lot** 주차장
Self Service 정산	**Exchange** 환전	**Accounting** 회계

2) 객실 내부

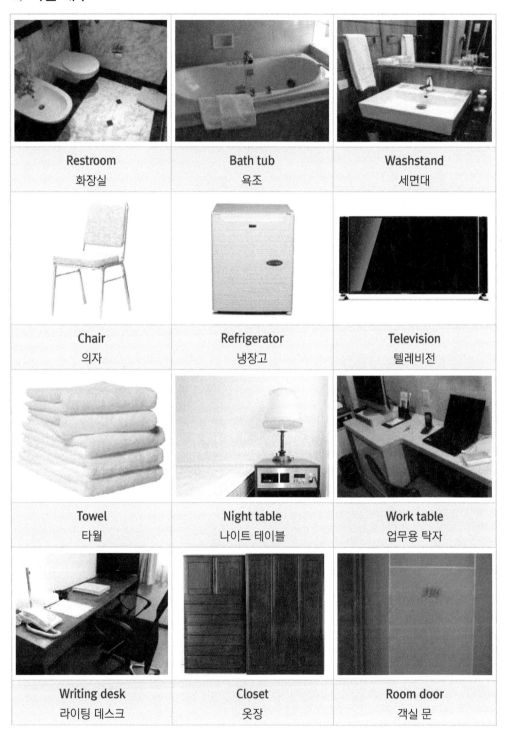

Restroom 화장실	**Bath tub** 욕조	**Washstand** 세면대
Chair 의자	**Refrigerator** 냉장고	**Television** 텔레비전
Towel 타월	**Night table** 나이트 테이블	**Work table** 업무용 탁자
Writing desk 라이팅 데스크	**Closet** 옷장	**Room door** 객실 문

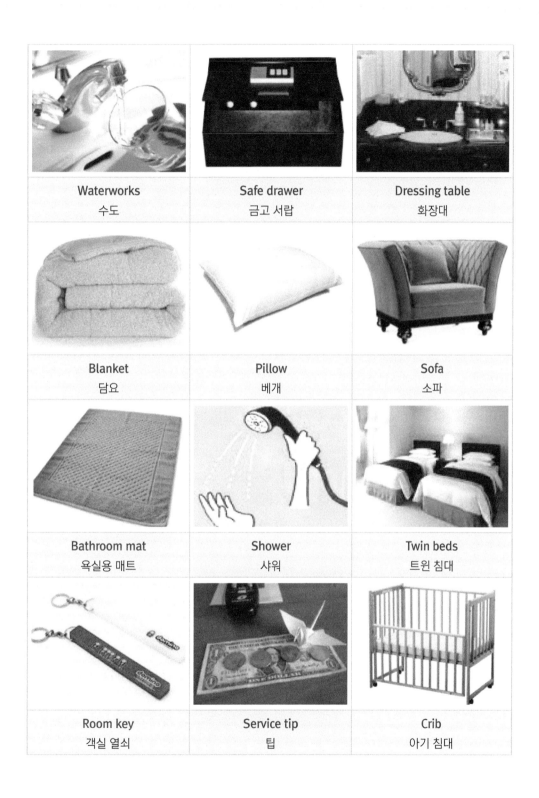

Waterworks	Safe drawer	Dressing table
수도	금고 서랍	화장대
Blanket	Pillow	Sofa
담요	베개	소파
Bathroom mat	Shower	Twin beds
욕실용 매트	샤워	트윈 침대
Room key	Service tip	Crib
객실 열쇠	팁	아기 침대

Power socket 콘센트	**Light stand** 스탠드	**Slipper** 슬리퍼
Bed cover 베드커버	**Bed sheet** 베드 시트	**Room number** 객실번호
Blackout curtain 암막커튼	**Paper towel** 화장지	**Disposable razor** 일회용 면도기
Shampoo 샴푸	**Toothpaste** 치약	**Toothbrush** 칫솔

10. 도어 서비스(Door Service)

The main tasks of the door service are to keep the entrance safe, to guide cars, buses, and taxis, and to guide guests to the lobby.

In detail, there are information services such as the departure and arrival times of surrounding roads and buses, and of raising the national flag.

Among them, for those coming by a company car, it is important to memorize the car model, registration number, license plate number, company name, face, name, and title (position).

(현관의 안전을 지키는 것, 자동차나 버스, 택시의 유도, 숙박 손님을 로비까지 안내하는 것이 주요 업무입니다. 세부적으로는 주변도로나 버스의 출발이나 도착시각 등의 인포메이션 업무, 국기 게양 등이 있습니다. 그중에서도 회사차로 오시는 분에 관해서는 차종과 등록 번호판, 회사명, 얼굴, 성함, 직함(지위)을 암기하는 것이 중요합니다.)

Welcome to our hotel. Are you staying?
I will pick up your luggage.
어서 오십시오. 숙박하시는 것입니까? 제가 짐을 들어드리겠습니다.

Thank you for moving this bag.
이 가방을 들어주셔서 감사합니다.

Yes, I understand. Is this the only bag?

예, 알겠습니다. 가방은 이것뿐입니까?

Yes, there are delicate items in the bag.
Please move it carefully.

예, 가방에 깨지는 물건이 있습니다.
안전하게 이동을 부탁드립니다.

Are you going to go through the lodging procedures over there?

저쪽에서 숙박 수속을 하는 것입니까?

Yes, that's right.

예, 그렇습니다.

The person on the left is the person in charge.

왼쪽에 있는 사람이 담당자입니다.

The inner door is an automatic door.

안쪽 문은 자동문입니다.

Watch out for revolving doors.

회전문에 조심하십시오.

Welcome to our hotel. Are you going to check in?

어서 오십시오. 체크인하실 겁니까?

Yes, that's right.

예, 그렇습니다.

We will guide you to the front desk. Come this way.
프런트까지 안내하겠습니다. 이쪽으로 오십시오.

The front desk is this place.
프런트는 이쪽입니다.

May I pick up your bag?
가방을 들어드릴까요?

Thank you.
고맙습니다.

How many bags are there?
가방은 몇 개입니까?

May I call the bellman?
벨맨을 부를까요?

I appreciate your kind heart, but I will refrain from accepting tips.
마음은 고맙습니다만, 팁은 사양하겠습니다.

Hello. Are you going home today?
안녕하세요. 오늘 댁으로 가십니까?

Back to the 3 o'clock flight.
3시 비행기로 돌아갑니다.

Is that so?

Please go safely.

그렇습니까?

안전하게 가시기 바랍니다.

May I call you a taxi?

택시를 불러드릴까요?

There is a black bag in front of the front desk, please bring it with you.

프런트 앞에 검은 가방이 있는데 가져와주세요.

Yes, I understand.

예, 알겠습니다.

May I put your bag in the car?

가방을 차에 실을까요?

I'll put this bag in the trunk.

이 가방을 트렁크에 넣겠습니다.

Thank you.

고맙습니다.

Thank you very much for using our hotel.

우리 호텔을 이용해 주셔서 정말 감사합니다.

Hello. May I pick up your bag?

안녕하세요. 가방을 들어드릴까요?

It's okay. It's light, so I'll take it with me.

괜찮아요. 가벼우니까 제가 가지고 가겠습니다.

Where do I check in?

체크인은 어디서 합니까?

Please register at the front desk on the left.

왼쪽에 보이는 프런트 데스크에서 등록해 주세요.

Oh yes, thank you.

아 그래요, 고마워요.

◈ 도어서비스 직원의 고객안내

Common Sense of Etiquette in the USA

🔍 PICKPOCKETING

Pickpocketing often occurs in major tourist areas, but it could happen anywhere. Smartphones are extremely valuable on the black market, so be especially careful if you have one and need to use it in public. When possible, avoid having phone conversations on the street, and if you need to look at your phone, it's usually pretty easy to go inside a shop or a restaurant. Phones are small, valuable, easy to take and hand-held, which makes them a very appealing target to steal. If you're texting with headphones on, or you're using the internet while on your phone in public, you are advertising yourself as a very easy target.

In San Francisco, organized crime groups have been "apple picking" — stealing iPhones. These criminals work in teams to distract you and steal your iPhone or smartphone. They then reset your phone and sell it on the black market. Be very aware in big cities to prevent this type of theft. Be careful using your smartphone on the subway or bus. There have been a lot of thefts in recent years in which teens will grab a smartphone and immediately exit the bus or subway.

* Keep your wallet and phone in your front pocket; otherwise, you will have RED FLAG on your back.

🔍 DANGEROUS NEIGHBORHOODS

* Unlike in Korea, poor neighborhoods in the US can be very dangerous.

According to FBI metropolitan statistical records, in 2011, there were 386 violent crimes per 100,000 people in the United States. Violent crime statistics only count murder, forcible rape, robbery and aggravated assault cases. This means that about 40 out of every 10,000 people, or 4 out of 1,000 people, experienced some form of violent crime that year. The average American had about a 1 in 250 chance of being robbed, assaulted, raped or murdered.

(Figures below are crimes per 100,000 residents.)

Detroit, Michigan had a total population of 713,239 people.

Total violent crime rate of 2,137 per 100,000 residents

Murder rate of 48

Forcible rape rate of 60

Robbery rate of 696

Aggravated assault rate of 1,334

Detroit was by far the most dangerous city in the country overall, with the chances of enduring a violent crime greater than 2 percent (21 / 1,000 people), more than five times the national average. This means that out of every 100 people in the city, more than two of them were robbed, murdered, raped or attacked in 2011.

According to the United States Census Bureau of 2014, the city of Detroit had the highest poverty rate in the United States with 42.3 percent of residents living below the US government-established poverty income level.

Even in wealthier cities like Los Angeles (LA), Chicago, and NYC, there are dangerous neighborhoods within the city. The rest of this section should give you a good idea of what a dangerous neighborhood looks like.

In Korea, a poor neighborhood is identified by low-rise villas. The apartments have narrow alleyways that are curved between buildings. The community is usually on a hill and they have factories nearby. Broken windows and garbage are everywhere. People are rude, especially to young people. They drive old cars, if they have vehicles at all.

Some of the same factors are indicators of poor neighborhoods in the US. There are many specific types of buildings that are more common in poor neighborhoods. For instance, the existence of check-cashing stores often means that the residents in the area often do not have bank accounts, so they need to cash checks elsewhere. If you see several cash advance / fast loan stores, it means that there are people in the neighborhood who cannot get approved for credit cards or loans when they need to borrow money. Pawn shops are common in lower-income areas because residents often sell things that they find or that are stolen. If you see a place where they sell used cars, you can assume you are in a more dangerous part of town.

* Pawn shops, used car lots and fast loan / fast cash / payday loan stores are RED FLAGS.

Most Americans have a washer and dryer in their homes. If you see clothing hanging outside of many homes in a neighborhood, this may be a sign you're in a poor area.

Another sign of poverty is disgusting bathrooms. Since Americans are obsessed with cleanliness, if you're in a building or area with dirty bathrooms, this area may be dangerous. If you're in a disgusting subway station in the US, you can also assume it isn't safe. When you see graffiti on a road sign or under a bridge in an American city, this may signal the presence of gangs. While graffiti and street art are very common in Asia, in the US, it could indicate that you are entering a dangerous area.

* Hanging laundry, disgusting bathrooms and graffiti are all RED FLAGS.

If you are in an industrial area, you can bet that you are on the poor side of town. Often the poor part of town is in the south end of the city. This is true of Atlanta, Baltimore, Boston, Buffalo, Chicago, Dallas, Detroit, Indianapolis, Los Angeles, Phoenix, San Antonio, San Francisco and Washington DC.

🔍 TAKING A TAXI

I once came out of Seoul Station and a taxi driver asked me where I wanted to go. When I said "Itaewon," he said it would cost me \60,000. I was so shocked by his attempt to scam me that I laughed and said, "Nice try. A taxi to Itaewon from Seoul Station is about \13,000." As I got in another taxi, I wondered how much money he made by scamming ignorant tourists. He must make a lot of money every day by scamming tourists in Korea, but he didn't make any money off of me.

* If you need to take a taxi, make sure that you do not get into a non-metered taxi for any reason.
* Non-metered taxis are RED FLAGS.

These taxis are illegal and they will definitely try to rip you off and take advantage of you by overcharging. These illegal taxis are not common but they do sometimes show up around bus and train stations. It is generally a good rule to follow when traveling via taxi that if they have no meter, you should not ride with them. Furthermore, never ask taxi drivers for advice about the best transportation method to get from where you are to where you need to be; their answer will always be to take their taxi.

11. 벨맨 서비스(Bellman Service)

It is a hotel employee whose main job is to guide the check in and check out of guests using the hotel.

They are responsible for room changes, guest calls, lobby cleanup, luggage delivery to guest rooms, in-room explanations, and delivery services.

(투숙객이 체크인, 체크아웃할 때의 안내, 유도하는 것을 주요한 업무로 하는 호텔 종사원입니다. 룸 체인지, 손님의 호출, 로비의 정리, 객실로 짐 운반, 객실 내의 설명, 배달 서비스 등을 담당한다.)

My name is Larry Kang, the bellman.
벨맨인 Larry Kang이라고 합니다.

We will guide you to your room. Come over here.
객실까지 안내하겠습니다. 이쪽으로 오세요.

Oh, I'll take the bag.
아, 가방은 제가 들겠습니다.

Only 2 bags?
가방은 2개뿐입니까?

Take the elevator first. Please give me the room key.
먼저 엘리베이터를 타세요. 객실 키는 저에게 주십시오.

I will guide you to your room.
객실로 안내하겠습니다.

This is Room 513 Deluxe Double Room.
여기가 513호 디럭스 더블 룸입니다.

I'll take you this way.
이쪽으로 모시겠습니다.

This is the closet, and that is the bathroom.
이것이 벽장이고, 저것이 욕실입니다.

The electric switch is here.
전기 스위치는 이것입니다.

Heating and cooling is controlled by this device.
냉난방조절은 이 장치로 합니다.

The emergency exit is over there.
비상구는 저곳입니다.

Please leave valuables or cash at the front cashier.
귀중품이나 현금은 프런트 캐셔에게 맡겨주세요.

This is the receipt for leaving the bag.
이것이 가방을 맡긴 영수증입니다.

Thank you for showing this when you find it.
찾으실 때는 이것을 보여주세요.

Bellman, I brought a bag.
벨맨입니다. 가방을 가지고 왔습니다.

Please make sure it is your bag.
고객님의 가방인지 확인해 주십시오.

Where should I put it?
어디에 놓을까요?

Please put it here. Thank you.
이쪽으로 두시면 됩니다. 감사해요.

If you need services such as housekeeping and laundry service, please feel free to contact the front desk at any time.
객실 청소와 세탁 서비스 등의 서비스가 필요할 때는 언제든지 프런트 데스크로 연락주십시오.

So, have a good time.
그럼, 좋은 시간 되세요.

Please use the escalator to go up to the Sky Lounge.
스카이라운지는 에스컬레이터를 이용해서 올라가 주세요.

Where is the elevator?
엘리베이터는 어디에 있습니까?

If you have any problems, please dial #5 for the bell desk.
혹시 불편한 점이 있으면, 5번 벨 데스크로 연락주십시오.

Hello, are you in room 513?
여보세요, 513호실입니까?

Yes, Ted.
예, Ted입니다.

Hello. Dear guest, this is the Bell Desk calling.
안녕하세요. 고객님, 벨 데스크입니다.

Danny wants to see you.
대니라는 분이 뵙기를 원합니다.

Can I guide you to your room?
객실까지 안내해 드릴까요?

Please tell them to wait in the lobby coffee shop.
I'm going down there right now.
로비 커피숍에서 기다리도록 전해주십시오.
지금 바로 그곳으로 내려가겠습니다.

We will have breakfast and check out.
Please hold my bag.
아침식사를 하고 체크아웃하겠습니다.
가방을 보관해 주세요.

Yes, I'll send you a bellman soon.
예, 곧 벨맨을 보내겠습니다.

12. 하우스키핑(Housekeeping)

Inspection of rooms after cleaning and maintenance of furniture and fixtures are the main tasks.

Laundry services such as ironing, humidifiers, and cell phone charging are also part of the housekeeping sector.

(청소한 뒤의 객실 점검이나 가구 · 비품 등의 유지관리가 주요한 일입니다. 또 다림질, 가습기 및 휴대폰 충전과 같은 세탁서비스도 하우스키핑 부문의 업무에 들어갑니다.)

Hello, housekeeping speaking. How can I help you?
안녕하세요. 하우스키핑입니다. 무엇을 도와드릴까요?

I brought laundry.
세탁물을 가지고 왔습니다.

Please sign and receive a receipt.
사인한 뒤 영수증을 받아주세요.

This is Room 615, there is no hot water in the bathroom.
이쪽은 615호실입니다만, 욕실에 더운물이 나오지 않아요.

I'm really sorry.
정말 죄송합니다.
We will investigate this and fix it soon.
고객님 곧 조사해서 고치겠습니다.

Excuse me, it's housekeeping.
실례지만, 하우스키핑입니다.

I'm here to fix the bathroom.
욕실 수리하러 왔습니다.

Can I come in for a moment?
잠깐 들어가도 되겠습니까?

Yes, please come in.
예, 기다리고 있었습니다. 어서 들어오세요.

The room is a bit cold. Two blankets, please.
객실이 조금 춥습니다. 담요를 2장 주십시오.

I'm sorry, but please bring another towel.
미안합니다만, 타월을 다시 한 장 가져와주세요.

I want to wash a shirt.
와이셔츠를 세탁하고 싶습니다만.

Excuse me. I came to clean your room.
실례합니다. 방 청소를 하러 왔습니다.

Could you clean my room?
방 청소를 해주시겠습니까?

It's okay if you don't clean today.
오늘은 청소하지 않아도 됩니다.

If you want to ask housekeeping for something, first call housekeeping (or the front desk), give your room number, and tell them what you need.

(하우스키핑에게 뭔가를 부탁하는 경우, 먼저 하우스키핑(혹은 프런트)에 전화를 걸어, 룸 객실번호를 말하고 용건을 전달합니다.)

Could you put the dishes away?
식기를 치워주시겠습니까?

Could you raise (or lower) the humidity in the room?
방의 온도를 올려(내려)주시겠습니까?

Is it safe to drink the water here?
이곳 물은 먹어도 됩니까?

When will it be ready?
언제 준비가 됩니까?

Can I have a (razor)?
(면도기)를 주시겠습니까?

toothbrush 칫솔	soap 비누	shampoo 샴푸	towel 타월

sewing set 바느질세트	knife, fork 나이프, 포크

thermometer 체온계	nail clippers 손톱깎이	band aid 반창고

clothes hanger 양복걸이	weight scale 체중계	swab 면봉

laundry detergent 세탁세제	sanitary napkin 생리대
cosmetic cotton 화장용 코튼	humidifier 가습기

Could you tell me how to use this (　　)?

이 (　　　　)의 사용법을 가르쳐주시겠습니까?

coffee maker 커피메이커	fax machine 팩스기
shower 샤워장치	alarm clock 자명종

13. 프런트 데스크(Front Desk)

In addition to check in, check out, and accounting, the main duties include accommodation room reservations, management of customer data, and guidance of the facility.

(체크인이나 체크아웃, 회계업무 외에 숙박의 예약대응이나 고객데이터의 관리, 관내설비의 안내 등이 주요한 업무입니다.)

Welcome. please tell us your name.
어서 오십시오. 성함을 말씀해 주세요.

I'm Ichiro Tanaka.
다나카 이치로입니다.

Please make sure you have a reservation.
예약되어 있는지 확인해 주세요.

Please wait a little bit.
잠깐만 기다려주십시오.

Yes, we have a reservation.
예, 예약되어 있습니다.

It's a single room.
싱글 룸이지요.

Yes, that's right.
예, 그렇습니다.

Please sign here.
여기에 서명해 주세요.

Your room is number 5106.
손님의 방은 5106호실입니다.

This is the key to your room.
이것이 방의 열쇠입니다.

The person in charge will bring your luggage.
짐은 담당자가 들고 갑니다.

Welcome to our hotel.
어서 오십시오.

I am Hong Gildong. I would like to stay here.
저는 홍길동입니다. 숙박을 부탁합니다.

Do you have a reservation?
예약하셨습니까?

Yes, I made a reservation in Seoul.
예, 서울에서 예약했습니다.

I have been waiting for your arrival. Welcome to Hotel Acacia.
기다리고 있었습니다. 아카시아 호텔에 오신 것을 환영합니다.

Please fill out this card.

이 카드에 기입해 주십시오.

Please write your name and address here.

이쪽에 성함과 주소를 써주십시오.

Can I enter now?

바로 들어갈 수 있습니까?

Check in is from 3:00.

3시부터입니다.

Your room is number 3315.
객실은 3315호실입니다.

The room key is auto-locked.
객실 열쇠는 오토 록으로 되어 있습니다.

This way to your room.
객실은 이쪽입니다.

I would like to stay at this hotel.
이 호텔에 묵고 싶습니다만.

Is the room open?
빈 객실이 있습니까?

How much is it per night?
1박에 얼마입니까?

Will you have any meals?
식사는 포함되어 있습니까?

Yes, one night and two meals.
예, 1박 2식입니다.

Which do you prefer, a Western-style room or a Japanese-style room?
객실은 양식과 일본식 어느 쪽이 좋겠습니까?

Do you have one room?
사용 가능한 객실 하나 있습니까?

I'm sorry, but we are fully booked today.
죄송합니다만, 오늘은 만실입니다.

The bellman will guide you now, please wait a little bit.

바로 지금 벨맨이 안내할 테니 잠깐 기다려주십시오.

Sorry I made you wait.

기다리시게 해서 죄송합니다.

We will guide you to your room.

객실까지 안내하겠습니다.

We will bring your luggage.

짐을 들어드리겠습니다.

How much luggage do you have?

짐은 몇 개입니까?

Three in all.

전부 3개입니다.

Do you have any breakable items?

부서지는 것은 없습니까?

There is none.

없습니다.

We will deliver.

옮겨드리겠습니다.

Please.

부탁합니다.

Meals are charged separately.

식사는 별도 요금으로 되어 있습니다.

14. 룸서비스(Room Service)

Hello, do you have room service?
여보세요. 룸서비스입니까?

Yes, we have room service.
예, 룸서비스입니다.

This is room 7254.
여기는 7254호실입니다.

I'd like a wake up call.
모닝콜을 부탁합니다.

What time do you want?
몇 시에 해드릴까요?

Six o'clock, please.
6시로 부탁합니다.

What can I order from room service?
룸서비스로 주문할 수 있는 것은 무엇이 있습니까?

Two whiskeys on the rocks, please.
위스키 온 더 록을 2개 부탁합니다.

How long does it take?
어느 정도 걸립니까?

I will bring it in about 10 minutes.

10분 정도 후에 가지고 가겠습니다.

Yes, I'll bring it to you right away.

예, 바로 가지고 가겠습니다.

Thank you for your order.

주문해 주셔서 감사합니다.

One more additional order.

주문을 추가하겠습니다.

Please bring snacks and a beer.

안주와 맥주를 가지고 오세요.

Yes, I will have it now.

예, 지금 바로 갖다드리겠습니다.

I'll bring the tempura set meal for two right away.

튀김정식 정식 2인분 바로 가지고 가겠습니다.

I am sending the waiter now.

그럼, 바로 지금 웨이터를 보내겠습니다.

It takes some time to cook that dish, is that okay?

그 요리는 시간이 걸립니다만, 그래도 괜찮겠습니까?

When you bring food, please bring a pack of cigarettes.
식사를 가지고 올 때, 담배도 한 갑 가지고 오세요.

I'm sorry. I can't do that menu now.
죄송합니다. 지금 그 메뉴는 할 수 없습니다.

I would like to cancel my order right away.
금방 주문한 것을 취소하고 싶습니다만.

I have brought you the drink you ordered.
고객께서 주문하신 음료수를 가지고 왔습니다.

Do you have a laundry service?
세탁서비스는 있습니까?

Yes, it's available.
예, 가능합니다.

Wash my suit, please.
양복을 부탁합니다.

Will it be finished by 4:00 pm tomorrow?
내일 오후 4시까지 됩니까?

Yes, we have an express service.
예, 특급 서비스가 있습니다.

The staff in charge will pick it up.
담당자가 가지러 갑니다.

15. 전화서비스(Phone Service)

In hotels, more than 90% of communication from guests, internal business contact, and information delivery of all services are done on the phone. In addition, orders for all accommodations and banquets outside the hotel are often made over the phone.

(호텔에서는 고객과의 커뮤니케이션(소통), 내부 비즈니스 연락, 모든 서비스의 정보 전달의 90% 이상이 전화서비스로 이루어집니다. 게다가 호텔 외부의 모든 객실 및 연회행사는 전화로 문의하는 경우가 많습니다.)

1) 전화 관련 용어

- Please wait a moment. (잠시만 기다려주세요.)
- I'm out now. (지금 외출 중입니다.)
- I will change now. (지금 바꿔드리겠습니다.)
- I will tell you in a moment. (전해드리겠습니다.)
- I will be back at 2:00 pm. (2시에 돌아올 예정입니다.)
- I won't be back today. (오늘은 돌아오지 않습니다.)
- It's the wrong number. (잘못 걸려온 전화입니다.)

Hello, Yoshida, please.
여보세요. 요시다 씨 부탁합니다.

Yoshida is out now.
요시다는 지금 외출 중입니다.

He will be back one hour later.
1시간 후에 돌아올 예정입니다.

If you have a message for him, please tell me and I will give him the message.
그에게 전할 메시지가 있으시면 제게 말씀해 주세요. 그에게 메시지를 전하겠습니다.

Please tell me that there was a phone call from Kang Ah-reum.
강아름으로부터 전화가 있었다고 전해주십시오.

I'll try again later.
나중에 다시 걸겠습니다.

Good morning. Matsushita Electric.
안녕하세요. 마쓰시타 전기입니다.

Please tell us what you need.
용건을 말씀하십시오.

Mr. Tanaka, please.
다나카 씨를 부탁합니다.

Are you Tanaka from the sales department?
영업부의 다나카 말씀입니까?

That's right.
그렇습니다.

Excuse me, who are you?
실례지만 누구십니까?

Oh, this is Yongbin Kang of Korea Electric Company.
아, 한국전기의 강용빈입니다.

Is this Yongbin Kang? Please wait a moment.
강용빈 씨인가요? 잠시만 기다려주십시오.

I'll connect you to Tanaka.
다나카에게 연결하겠습니다.

부재중인 경우의 전화 영어

- I am unable to answer the phone right now.

  지금은 전화를 받을 수 없습니다.

- Please leave your name after the dial tone, please record your phone number.

  발신음 후에 성함, 전화번호와 메시지를 녹음해 주세요.

- When finished, press the pound button.

  끝나면 우물정자를 눌러주세요.

- This is Inhee from Korea. It's 7 pm now.

  한국에서 온 인희입니다. 지금 오후 7시입니다.

- When you return, please call Deikoku Hotel.

  돌아오시면 데이코쿠 호텔로 전화해 주세요.

- The number is 4343-7654. please.

  번호는 4343-7654입니다. 부탁드립니다.

16. 관광안내(Tourist Information)

Tomorrow is my free time, and I want to take a look around the city.
내일은 자유시간이어서 시내를 둘러보고 싶습니다만.

What place would you like to see?
어떤 곳을 보고 싶습니까?

I want to see Korean culture.
한국의 문화적인 것을 보고 싶습니다.

How about the Korean Folk Village?
한국민속촌은 어떻습니까?

Can you interpret in English?
영어 통역은 가능하십니까?

Please refer to it because it is written in English.
영어로 쓰여 있으니까 참조하세요.

I would like to tour for about a week. Can you recommend good experiences?
1주일 정도 관광하고 싶습니다만, 좋은 경험을 추천해 주실 수 있나요?

Give me a city map.
시내 지도를 주세요.

Yes, here it is.

예, 여기 있습니다.

Is there any Korean pamphlet?

한국어로 된 것도 있습니까?

Yes, this is it.

예, 이것입니다.

Yes, it's okay. This is a guidebook from the Tourism Organization.

예, 괜찮습니다. 이것은 관광공사의 안내서입니다.

How many hours does it take?

시간은 얼마나 걸립니까?

It takes 6 hours.

6시간입니다.

Where does the bus depart from?

버스는 어디서 출발합니까?

It departs in front of the hotel lobby at 9 am.

오전 9시에 호텔 로비 앞에서 출발합니다.

How much is that tour?

그 투어는 얼마입니까?

It is 30,000 won per person.
1인당 3만 원입니다.

I will join that tour.
그 투어에 참가하겠습니다.

Can you show me the tour bus brochure?
관광버스 브로슈어를 보여주실 수 있나요?

Have you been to the museum already?
박물관에는 이미 다녀오셨습니까?

I haven't gone yet.
아직입니다.

It is about a 5 minute walk from here.
여기서부터 걸어서 5분 거리에 있습니다.

Common Sense of Etiquette in the USA

🔍 DRIVING IN THE USA

Every time you drive in a car, walk across the street, cycle on the highway or ride with a friend, your personal safety is at risk. Although violent crimes such as murder get a lot of publicity on TV and in movies, you are more than twice as likely to be killed in an automobile accident as you are to be murdered.

According to http://www.car-accidents.com/pages/stats.html:

"There were nearly 6,420,000 automobile accidents in the United States in 2005. The financial cost of these crashes was more than 230 billion dollars. 2.9 million people were injured and 42,636 people killed. About 115 people die every day in vehicle crashes in the United States — one death every 13 minutes."

The USA is a very large country with great distances between locations, and public transportation isn't convenient, even in most cities. You will probably need a car unless you are going to be attending a university and living on campus, or living in a large city such as New York (metro area), downtown Seattle, Boston, Chicago or San Diego. Although the driving laws are very similar between the US and Korea, I highly recommend registering for a driving class and taking the time to learn how to read road signs, traffic lights, traffic circles, etc.

🔍 IF IT IS TOO GOOD TO BE TRUE, IT PROBABLY IS

"In New York City if someone talks to you, they're either trying to get your money, or they're from out of town." – Joe Rogan, The Joe Rogan Experience

Podcast

Street smarts is a term that Americans use to describe someone who has great awareness and understanding of human nature. People who have street smarts know the difference between a safe area and a not-so-safe area. They also know what a safe person looks and acts like and what an unsafe person looks and acts like. They know the signs that alert them to possible dangers. These warning signs are known as red flags.

Street smarts is not to be confused with book smarts. Oftentimes, people who are book smart (strong academically) are not very street smart. The goal of this chapter is to make you street smart and aware of any safety-related red flags you may encounter while in the US.

A street smart person knows that population density is a very good indicator of how much you can trust a stranger. In big American cities, people will rarely have friendly conversations on the street or in line at the grocery store, because when someone talks to you, they almost always want to take something from you. A street smart person does not appear too friendly, especially in the places described in this chapter. He or she knows not to wear flashy jewelry or a Rolex watch.

 * If someone starts talking to you, be polite with them and keep it brief.
   Even if you feel nervous, keep a poker face.

A street smart person knows that in big cities, many people believe that kindness is weakness. People who are too nice, open, trusting or friendly will be taken advantage of more often by scam artists or thieves.

Some areas are safer during the day but dangerous at night. Some areas might be dangerous at certain times during the year. For example, on New Year's Eve in New York City, some New Yorkers will tell you that it's a good luck charm to kiss an Asian woman. A street smart person wonders if this happens in other cities.

A street smart person knows to use Google or Naver to see what other people say about the various locations they plan to visit before visiting them to become aware of red flags. You should do this since it is impossible for us to cover all dangerous areas and potential problems. Often, other tourists and travelers have a much better idea of more current and serious dangers.

The first part of this chapter discusses street smarts and the dangerous or potentially dangerous places — the red flags that should make you pay closer attention to your surroundings. Then we'll look at the dangerous people you may encounter who should set off the same red flag warnings. Lastly, I'll give you some practical safety tips to take with you while traveling within the country, while staying in hostels or couchsurfing.

ATM MACHINES

ATMs and cash machines are another place where you should be very aware of your surroundings. If you feel threatened or watched, or if you sense something suspicious at all, find another place to withdraw cash. Be especially careful of pickpocketing in these areas; even when going into a closed ATM booth or one with cameras, never leave your belongings unattended.

* A stranger hanging around an ATM machine is a RED FLAG, so go to a different ATM machine.

Remember to maintain physical contact with your valuables. Don't let anyone come within an arm's length of you without being extremely aware of their presence. Sometimes being close to others is unavoidable, such as on a subway or bus or while standing in line, but you must remain aware of those close enough to touch you or your property.

17. 고객 컴플레인(Customer Complaint)

What do you think of dissatisfied customers who use the hotel? If you want to deal well with complaining guests who use the hotel, you need to increase your understanding of the customer handling process. Complaints are mainly based on the subjective evaluation of customers using the hotel, and they come from dissatisfaction with the menu or service complaints.

Dissatisfied customers can turn into regular customers if problems are solved immediately.

(호텔을 이용한 불평 고객을 어떻게 생각하십니까? 호텔을 이용하는 불평 고객과 원활하게 지내려고 한다면 고객 서비스 응대 프로세스에 대한 이해를 해야 합니다. 불평 사항은 주로 호텔을 이용하는 고객에 대한 아주 주관적인 평가이기 때문에 메뉴, 호텔 서비스에 대한 불만에서 시작됩니다. 불만 고객은 고객의 서비스 접점에서 문제를 해결할 수 있다면 충성 고객이 될 수 있습니다.)

I ordered a steak and waited for almost an hour.
스테이크를 주문하고 1시간 가까이 기다리고 있어요.

Forgive us for being late. We will check again and provide it promptly.
늦어서 죄송합니다. 다시 확인해서 신속하게 제공해 드리겠습니다.

The key does not lock.
Please fix this problem immediately.
열쇠가 잠기지 않습니다.
신속하게 처리해 주시기 바랍니다.

The air conditioner is broken.
에어컨이 고장났습니다.

The heater is too strong.
난방이 너무 강합니다.

There is no heating.
난방이 되지 않습니다.

The light does not turn on.
불이 켜지지 않습니다.

This coffee is lukewarm.
이 커피는 미지근합니다.

I'll change it to something hot.
뜨거운 것으로 바꿔드리겠습니다.

No hot water comes out.
더운물이 나오지 않습니다.

The toilet does not flush.
화장실 물이 흐르지 않습니다.

The shower is broken and cannot be used.
샤워기가 고장나서 사용할 수 없습니다.

The luggage hasn't arrived yet.
짐이 아직 오지 않습니다.

The hot water does not stop.
더운물이 멈추지 않습니다.

Forgive me for being late.
늦어서 죄송합니다.

This is not my luggage.
이것은 제 짐이 아닙니다.

I am missing one piece of luggage.
짐이 하나 부족합니다.

No soap (towel).
비누(타월)이 없습니다.

Please bring me toilet paper.
화장지를 가지고 오세요.

The window does not open.
창문이 열리지 않습니다.

The room next door is noisy.
옆 객실이 소란스럽습니다만.

Please change the room.
방을 바꿔주세요.

The sheets are dirty.
시트가 더럽습니다.

I'll change it.
바꿔드리겠습니다.

I left the key in the room and closed the door.
열쇠를 방에 둔 채로 문을 닫아버렸습니다.

The refrigerator is broken, please take a look.
냉장고가 고장났습니다, 봐주세요.

18. 체크아웃(Check out)

Please check out.
체크아웃을 부탁합니다.

I will check out now.
지금 체크아웃하겠습니다.

Okay. Please provide your room number.
알겠습니다. 객실번호를 말씀해 주세요.

This is Danny from Room 235.
235호실의 Danny입니다.

Yes, the room rate is 450,000 won, international calls are 8,000 won, and the total cost is 458,000 won.
예, 객실료는 45만 원, 국제전화 8천 원, 합해서 45만 8천 원입니다.

Thank you.
감사합니다.

We are happy to welcome our guests.
손님을 맞이할 수 있어서 기쁩니다.
Also, please let us know when you come to Korea.
또, 한국에 오시면 알려주십시오.

🧳 Check out is the return of the room key and payment.

체크아웃은 객실 키를 반납하고 정산하는 것이다.

Also, thank you for staying at our hotel.
또 저희 호텔에 숙박해 주셔서 감사합니다.

Did you receive any service other than breakfast?
아침식사 외에 뭔가 서비스를 받았습니까?

I didn't receive anything.
아무것도 받지 않았습니다.

Please wait a moment.
잠시만 기다려주십시오.

I'll calculate right now.
바로 지금 계산하겠습니다.

Sorry to keep you waiting.
기다리시게 해서 죄송합니다.

Overtime charges apply for extended stays after check out time.
체크아웃 시간 이후의 연장체재에 관해서는 초과요금을 받습니다.

The total is 35,000 won including tax and service charge.
세금 서비스료 포함해서 전부 3만 5천 원입니다.

Okay.

알겠습니다.

How can I make a payment?

지급방법은 어떻게 해드릴까요?

Please pay by card (cash).

카드(현금)로 해주세요.

Please sign here.

여기에 사인을 해주세요.

I have 120,000 won.

12만 원 받았습니다.

5,000 won is your change.

5천 원은 거스름돈입니다.

Have you forgotten anything?

잊으신 물건은 없습니까?

Thank you for using our hotel.

저희 호텔을 이용해 주셔서 감사합니다.

Please come again.

또 꼭 오십시오.

Common Sense of Etiquette in the USA

🔍 DANGEROUS PEOPLE

"If it looks like a duck and it walks like a duck, it must be a duck." – Danny Kessler, Angels with Attitude: The Socially Intelligent Woman's Guide to Personal Safety

The most dangerous animal on the planet is the human male between the ages of 16 and 24. Generally speaking, men are significantly more dangerous than women. If you look around the prison systems in any country, you will find mostly men.

The most effective way to tell if you are dealing with a potentially dangerous man is to pay attention to his body language. The most immediately threatening body language signs to watch for are those of anger or aggression.

* If you see a man that looks between the age of 16 and 24 displaying signs of anger and aggression, this is a RED FLAG.

Watch for body language signals such as a frozen expression or a scowl; uncontrollable arm movements or clenched hands; glaring or squinted eyes; short, rapid breaths; or frequent repetition of certain phrases. Look for fists or finger-pointing and insulting or derogatory messages. If you see these signs, there's a chance that you're dealing with someone who is about to be aggressive toward you or someone nearby.

Other body language clues that will help you identify a potentially dangerous man is the clothing that he wears. You can identify someone's financial status based on their clothing and style of dress. This is not to say that people in suits or dresses do not commit crimes, but in general they are significantly less likely to attack or rob you than some poorly-dressed person, someone who looks desperate or someone who has bad hygiene. It is safe to assume that a person from the upper class will not try to physically steal your money, so if you can visually determine who is of higher social status, you can help reduce your risk of being attacked.

* A poorly-dressed person with bad hygiene is a RED FLAG.

Just like in Korea, brands and fashion in America are often the most immediate and efficient ways to display and recognize how much money someone has to spend on their clothing and appearance. Someone who has just spent $500 on their hair and nails or $2,000 on a suit is unlikely to try to rob you for the money you have on you. Someone who looks like they haven't showered in a few days or whose face looks hungover from drug or alcohol use is more likely to do so. You want to be especially cautious around people who can conceal their identity from cameras or who seem like they are paying attention to you, following you, sizing you up, or making you uncomfortable.

If you see a group of men between the ages of 16 and 24 hanging out like a pack of wolves, all dressed in a particular fashion that you think might be associated with gang members, avoid interacting with them at all costs.

Tattoos in the US are not like the henna tattoos that Koreans get at the beach. Sometimes tattoos identify a connection with a dangerous element of the underclass. Many Koreans have seen the American TV drama Prison Break. If you have seen the show, you've probably noticed that tattoos can be associated with people in prison.

* Tattoos on someone's face or neck are RED FLAGS.

If you see someone with a tattoo of the following symbol, he or she is a very dangerous person and should be avoided at all costs. (The symbols below look similar.)

* The Nazi Symbol is a RED FLAG.

The German swastika is a shameful symbol of oppression and genocide that Hitler and the Nazi regime used. Because of this, it is very offensive to Jewish people and has a very negative association in the West. However, the symbol is over 3,000 years old, and in Korea this symbol is still frequently used as a religious symbol on Buddhist temples and souvenirs sold throughout Asia.

I heard about an ajumma who was innocently selling Buddhist bracelets and necklaces in Queens, NY, and she deeply offended the Jewish community because of the similarity between the swastika and the Buddhist symbols on her accessories.

Hotelier
English in
Action

III

식음료

● 연회장의 세팅 테이블

III 식음료

1. 식음료의 개요

1970년 이전 한국의 호텔은 주로 객실부문을 중요시하는 경향이 짙었다. 식음료부문에서는 수익이 상대적으로 적었기 때문이었다. 하지만 1986년 아시안게임, 1988년 올림픽 개최 이후 식음료산업은 급속도로 변화되기 시작했다. 일반적으로 식음료 수입은 호텔 총매출액의 약 40% 이상을 차지하고 있다. 이러한 식음료 부문의 중요한 역할은 아래와 같다.

(1) 식음료 및 서비스를 제공함으로써 고객의 욕구를 만족시킴
(2) 식음료 및 서비스를 생산함과 동시에 판매함으로써 호텔기업의 이윤을 창출하는 효과를 가져옴
(3) 지역경제와 사회의 삶의 질을 향상시킴

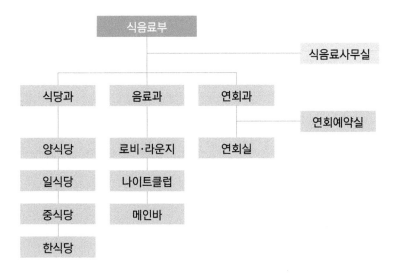

● 자료: 호텔리조트 서비스경영론, 한올출판사.

2. F&B 예약(F&B Reservation)

Hello, this is the Grand Hotel restaurant. How can I help you?
안녕하세요, 그랜드호텔 레스토랑입니다. 무엇을 도와드릴까요?

I would like to make a reservation for tomorrow night at 7 o'clock.
내일 밤 7시에 예약을 하고 싶습니다만.

Okay. How many people are you?
알겠습니다. 몇 분이십니까?

Yes, four people.

예, 네 사람입니다.

There are table seats and private rooms.

테이블석과 개별 방이 있습니다만.

Please sit down at the table.

테이블석 쪽으로 부탁합니다.

Okay. Please give your name and contact information.

알겠습니다. 성함과 연락처를 부탁드립니다.

Yes, my name is Gyeonik Son.

My phone number is 010-9876-4321.

예, 손견익입니다.

전화번호는 010-9876—4321입니다.

Then we will be waiting for you that day.

그럼 당일 기다리고 있겠습니다.

What time is the restaurant open?

레스토랑은 몇 시에 영업합니까?

Open from 9 am.

오전 9시부터 영업합니다.

What time is the restaurant open?
레스토랑은 몇 시까지입니까?

It closes at 10 pm.
오후 10시에 문을 닫습니다.

If possible, please take a seat by the window.
가능하면 창가의 자리로 부탁합니다.

What time are you going?
몇 시 예정입니까?

At 8 o'clock tonight, is the table for the four of us available?
오늘밤 8시, 네 명의 자리가 비어 있습니까?

Please wait a moment. Let's check it out now.
잠깐만 기다려주세요. 지금 알아보겠습니다.

I'm sorry to keep you waiting.
Coincidentally, it is fully occupied today.
기다리시게 해서 죄송합니다.
공교롭게 오늘은 만실입니다.

What kind of cuisine do you want?
어떤 요리를 원하십니까?

We do not accept reservations for breakfast.
아침식사의 예약은 받지 않습니다.

How much is the set meal?
정식은 얼마부터 있습니까?

● 음식 출처 : 요리전문가 김주경 총주방장

3. 안내(Information)

This is Larry who made a reservation for this evening.
오늘 저녁 예약한 래리입니다.

I was waiting.
기다리고 있었습니다.

I have reserved a seat over there.
저쪽에 자리를 준비해 두었습니다.

Come on, this is your seat.
이리 오세요, 이쪽 자리입니다.

Go up the stairs and it's right in front of you.
계단을 올라가서 바로 앞방입니다.

Do you have private rooms?
개별 방은 있습니까?

Is it empty?
비어 있습니까?

How many people are you?
몇 분이십니까?

There are three people, but is there a table available?
세 사람입니다만, 테이블은 있습니까?

Please wait a moment.
잠시만 기다려주십시오.

Come this way.
이쪽으로 오십시오.

What's your favorite dish here?
여기서 제일 잘하는 요리는 무엇입니까?

What is today's recommended dish?
오늘 추천요리는 무엇입니까?

The set menu is recommended.
정식으로 추천드립니다.

Yes, I would like to order that.
그것을 주십시오.

I'm sorry, but it's full right now.
죄송합니다만, 지금 만석입니다.

● 음식 출처 : 요리전문가 김주경 총주방장

4. 식사 메뉴(Meal Menu)

This is the Grand Restaurant. How can I help you?
Have you made a reservation?
그랜드 레스토랑입니다. 무엇을 도와드릴까요?
혹시 예약은 하셨는지요?

This is Larry with a reservation at 7 pm tonight. We made a reservation for 4 people for a table by the window.
오늘 저녁 7시에 예약한 래리입니다. 창가 테이블로 4명 예약했습니다.

Yes, I see your reservation. I'll take you this way.
예, 예약 잘 되어 있습니다. 이쪽으로 모시겠습니다.

Thank you. Please make a reservation in advance.
감사합니다. 메뉴는 사전 요청드린 것으로 부탁드립니다.

● 음식 출처 : 요리전문가 김주경 총주방장

5. 테이블 세트(Table Set)

Soup spoon 수프 스푼	**Hors d'oeuvre knife** 오르되브르 나이프	**Fish knife** 피시 나이프
Table knife 테이블 나이프	**Ornamental plate** 오너멘틀 플레이트	**Table fork** 테이블 포크
Fish fork 피시 포크	**Hors d'Oeuvre fork** 오드블 포크	**Bread plate** 브레드 플레이트
Napkin 냅킨	**White wine glass** 화이트 와인 글라스	**Red wine glass** 레드 와인 글라스

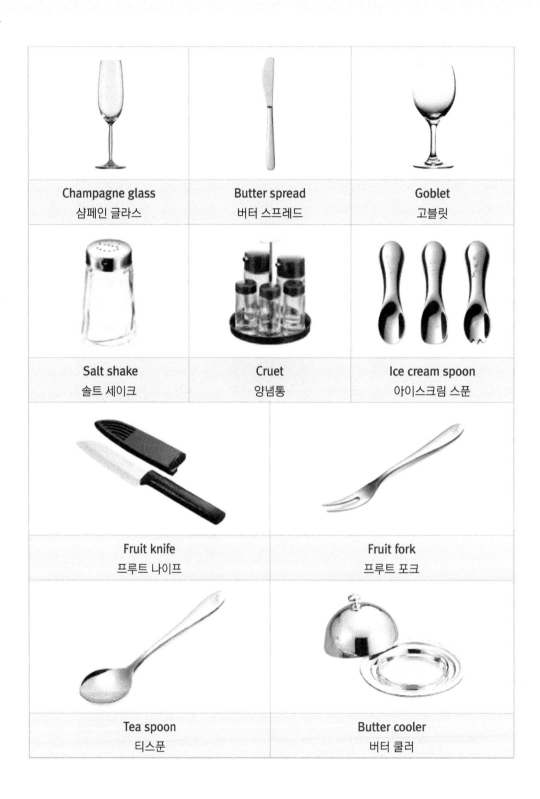

Champagne glass 샴페인 글라스	**Butter spread** 버터 스프레드	**Goblet** 고블릿
Salt shake 솔트 세이크	**Cruet** 양념통	**Ice cream spoon** 아이스크림 스푼
Fruit knife 프루트 나이프		**Fruit fork** 프루트 포크
Tea spoon 티스푼		**Butter cooler** 버터 쿨러

6. 요리의 식재료(Food Ingredients)

1) 생선(Fish)

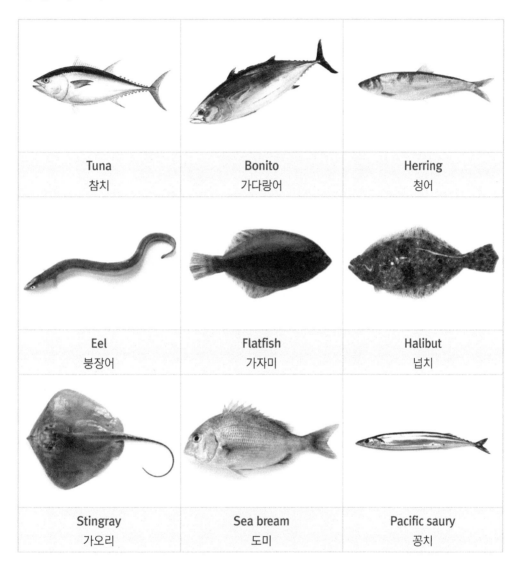

Tuna 참치	**Bonito** 가다랑어	**Herring** 청어
Eel 붕장어	**Flatfish** 가자미	**Halibut** 넙치
Stingray 가오리	**Sea bream** 도미	**Pacific saury** 꽁치

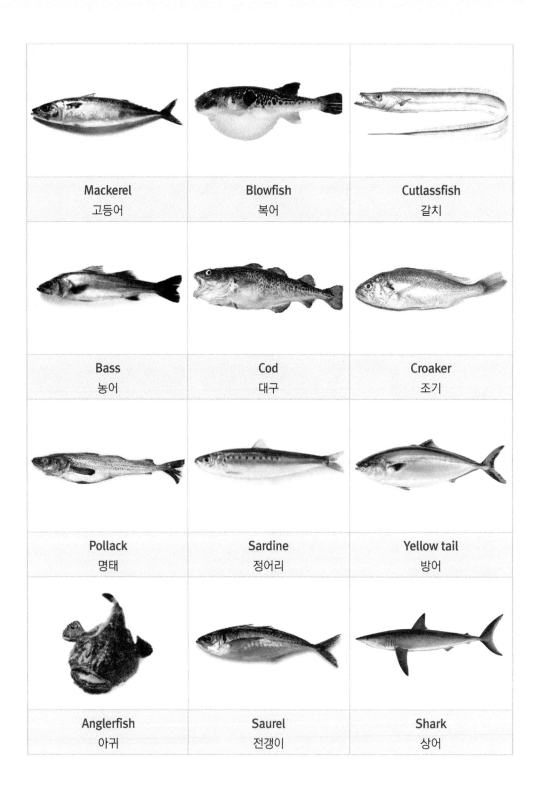

Mackerel 고등어	**Blowfish** 복어	**Cutlassfish** 갈치
Bass 농어	**Cod** 대구	**Croaker** 조기
Pollack 명태	**Sardine** 정어리	**Yellow tail** 방어
Anglerfish 아귀	**Saurel** 전갱이	**Shark** 상어

Salmon 연어	**Octopus** 문어	**Squid** 오징어
Sea cucumber 해삼	**Abalone** 전복	**Sea urchin** 성게
Short-necked clam 모시조개	**Clam** 바지락	**(Large) clam** 대합
Conch 소라	**Scallop** 가리비	**Oyster** 굴

Laver	Sea mustard	Kelp
김	미역	다시마

● 출처 : 요리전문가 김주경 총주방장

THE COUNTRYSIDE

"An armed society is a polite society". People who live in small towns or the countryside are generally not as highly educated, globally minded, or as fashion-conscious as residents of bigger cities. They are also less likely to have met an Asian person before, so these people might have racist attitudes against people who look different. They are often polite, and unlike city people, they are more likely to be carrying a gun. As long as you are polite back to them, respectful and courteous, you should not have a problem with the ordinary Americans who live here.

* If you are being given special attention because of your ethnicity or accent, this is a RED FLAG.

* In small towns, public transportation is typically nonexistent, so you'll need a car unless you're living on a university campus.

7. 조리용어(Cooking Terminology)

Cut Large and thick	크고 두껍게 썰다
Chop up	잘게 썰다
Mash	으깨다
Stir-fry	볶다
Steam	찌다
Boil/Blanch	삶다/데치다
Braise	푹 삶다
Fry	튀기다
Dip	담그다
Wash	씻다
Peel	껍질을 벗기다
Cut	자르다
Sharpen	갈다
Sprinkle	뿌리다
Mince	다지다
Mix/Blend	섞다
Knead	반죽하다
Roast	굽다

Cool down	식히다
Make bubbles	거품 내다
Boil	끓이다
Keep it nice	보기 좋게 담다
Season	무치다
Boil down	조리다
Warm (up)	데우다
Make rice	밥을 짓다
Make soup	국물을 내다
Make taste	맛을 내다

8. 맛(Taste)

Sweet	달다
Bitter	쓰다
Spicy	맵다
Salty	짜다
Sour	시다
Fragrant	향기롭다
Bland	싱겁다
Taste good	구수하다
Sweet and sour	새콤달콤하다
Delicious	맛있다
Not delicious	맛없다
Thick	진하다
Tender	연하다
Oily	기름지다

9. 주류(Alcohol)

Japanese Sake	일본의 사케
Soju	소주
Rice wine	청주
Beer	맥주
Draft beer	생맥주
Wine	와인
Brandy	브랜디
Whiskey	위스키
Champagne	샴페인
Gin and tonic	진토닉
Scotch	스카치
Cocktail	칵테일
Vermouth	베르무트(버무스)
Martini	마티니

10. 주문받기(Receiving an Order)

Please give me the menu.
메뉴판을 주세요.

Show me your wine list.
와인 리스트를 보여주세요.

Is there a foreign language menu?
외국어 메뉴판은 있습니까?

Yes, it is here.
예, 여기 있어요.

Have you decided on the menu?
메뉴는 결정했습니까?

What kind of dish is this?
이것은 어떤 요리입니까?

Please recommend the best dish in the restaurant.
레스토랑에서 가장 특별한 것으로 추천 부탁드립니다.

What can be done quickly?
빨리 될 수 있는 것은 무엇입니까?

These are sandwiches.
샌드위치류입니다.

Soup and salad are recommended.
수프와 샐러드를 추천드립니다.

I'll do that.
그것으로 하겠습니다.

How would you like your steak cooked?
스테이크를 어떻게 구워드릴까요?

Please make it rare.
레어로 해주세요.

Any other orders?
다른 주문은 없으십니까?

Orange juice, boiled eggs, then spread the toast with marmalade.
오렌지 주스, 삶은 달걀, 그리고 토스트와 마멀레이드를 발라주세요.

Which do you prefer, half-cooked or fully boiled?
반숙과 완숙 중 어느 것을 좋아하십니까?

Please make it half-cooked.
반숙으로 해주세요.

Would you like to drink coffee or tea?
음료수는 커피와 홍차 중 어느 것으로 하시겠습니까?

Please give me some tea.
홍차를 주세요.

Would you like black tea with lemon or milk?
홍차는 레몬 혹은 밀크 중 어느 것으로 하시겠습니까?

Please make it milk.
밀크로 주세요.

Do you have any other orders?
그 외에 주문이 있습니까?

Yes, that's enough.
예, 그것으로 충분합니다.

Thank you.
감사합니다.

Please wait a moment.
잠시만 기다려주십시오.

What is dessert?
디저트는 무엇이 있습니까?

Yes, fruit, ice cream, pies, and there are cakes, etc.
예, 과일, 아이스크림, 파이, 그리고 케이크 등이 있습니다만.

Oh, right? What are the fruits?
아, 그렇습니까? 과일은 무엇이 있습니까?

Yes, there are apples, tangerines, grapes, melons and more.
예, 사과, 밀감, 포도, 멜론 등이 있습니다.

Room service.
룸서비스입니다.

I would like to have lunch in the room.
객실에서 점심을 먹고 싶습니다만.

Okay. Please order.
알겠습니다. 주문하십시오.

Beef curry, salad, and beer, please.
비프카레에 샐러드, 그것과 맥주를 부탁합니다.

Yes, I understand.
예, 알겠습니다.

How many bottles of beer can I bring you?
맥주는 몇 병을 갖다 드릴까요?

Two bottles, please.
2병 주십시오.

Do you have a favorite beer brand?
희망하시는 맥주 브랜드가 있습니까?

Cass beer, please.
카스 맥주를 부탁합니다.

How many cups do you want me to bring?
컵은 몇 개 갖다드릴까요?

One is enough.
하나로 충분합니다.

It takes about 30 minutes to pick up, are you okay with that?
갖다드리기까지 30분 정도 걸립니다만, 괜찮겠습니까?

Yes, that's good.
예, 좋습니다.

11. 요리의 전달(Delivery of Dishes)

Sorry to keep you waiting.
기다리시게 해서 죄송합니다.

I brought a meal.
식사를 가지고 왔습니다.

Where to put it?
어디에 놓을까요?

Put it on the table.
테이블 위에 놓아두세요.

Please sign here.
여기에 서명을 부탁드립니다.

Yes, I understand. Can I do this?
예, 알겠습니다. 이렇게 하면 됩니까?

I'm sorry, sir, but when you're done with your meal, could you give me this tray in the hallway?
고객님, 수고스러우시겠지만, 식사가 끝나시면 이 쟁반을 복도에 내어주실 수 있습니까?

Okay.
알겠습니다.

Please enjoy it slowly.
천천히 맛있게 드십시오.

The meal I ordered an hour ago hasn't arrived yet, what happened?
1시간 전에 주문한 식사가 아직 오지 않습니다만, 어떻게 된 거예요?

I am sorry, could you please tell me your room number and name again?
죄송합니다. 객실번호와 성함을 다시 한번 말씀해 주실 수 있겠습니까?

This is Kim Bo-kyung from Room 1010.
1010호실의 김보경입니다.

Kim Bo-kyung, I'm sorry, we'll get it right now.
김보경 고객님, 죄송합니다만, 지금 즉시 갖다드리겠습니다.

Please as soon as possible.
가능한 빨리 부탁합니다.

Yes, I understand.
예, 알겠습니다.

Excuse me.
실례했습니다.

I'll take it right now.
지금 즉시 가지고 가겠습니다.

Can I bring you a drink before the meal?

음료수는 식사 전에 갖다드릴까요?

Give it later.

나중에 주십시오.

12. 레스토랑 컴플레인(Restaurant Complaints)

This steak was not grilled properly.
이 스테이크는 제대로 구워지지 않았습니다.

This soup is small in quantity.
이 수프는 양이 적습니다.

This toast is burnt.
이 토스트는 탔습니다.

This salad is not fresh.
이 샐러드는 시들었습니다.

The eggs are overcooked.
달걀이 너무 구워졌어요.

This ice cream melted.
이 아이스크림이 녹았습니다.

This iced coffee is too mild.
이 아이스커피는 너무 연합니다.

This tastes weird.
이것은 맛이 이상합니다.

This beer is not cold.
이 맥주는 차지 않습니다.

There are worms in the salad.
샐러드에 벌레가 들어 있어요.

There is hair in the soup.
수프에 머리카락이 들어 있어요.

I am so sorry. I'll bring something else.
죄송합니다. 다른 것을 가져오겠습니다.

13. 계산(Account)

Shall we go home now?
이제 집으로 가볼까요?

Please do the accounting.
계산을 부탁합니다.

How much is the bill?
계산은 얼마가 됩니까?

My payment will be made by card and cash.
계산은 카드와 현금으로 하겠습니다.

I want to pay separately.
지불은 따로따로 해주세요.

I have 80,000 won.
8만 원 받았습니다.

3,000 won is your change.
3천 원은 거스름돈입니다.

This is the receipt.
이것은 영수증입니다.

Common Sense of Etiquette in the USA

HOW AMERICANS MAKE NEW FRIENDS

The questions "How old are you?" and "Are you married?" are often the first questions Korean people ask each other upon first meeting. These questions are almost public information, and Koreans are not offended by these questions. However, Americans might be offended by both of these questions.

The way that adult Americans first greet each other and relate is very different. Americans often relate to each other by asking:

"What do you do?" or "Where do you work?"

These questions are NOT considered rude in the US; this is simply the way Americans relate to each other.

A conversation might go something like this:

(Two strangers sitting on the subway together:)

Person A: "Did you see the game last night?"

Person B: "Yes! What a game! I can't believe they won in the last inning again."

Person A: "Yeah — amazing! So, what do you do?"

Person B: "I'm in the sporting goods business."

Person A: "Oh, is that right? My good friend from university is a VP at Champs Sporting Goods in their New York offices; do you by chance know Gregg Gifford?"

Person B: "Gregg... maybe. I think I might know him. He used to work for Models Sporting Goods a few years ago?"

Person A: "Yes — that's him! Small world!"

Person B: "Where are you from?"

This conversation might seem strange to you because it might be rude to ask "What do you do?" in Korea. The person questioned might not have a good job. However, in the US, this is not rude. People have conversations like this all the time. Americans relate to each other by explaining what they do. Even if Person B didn't have a good job, he would use a vague answer to make a business connection and talk about his industry.

EATING AND DRINKING MANNERS

Americans traditionally do not share food at restaurants.

When seen sharing a dessert or sharing from one plate, it might be assumed that you and the person with whom you're sharing are in a sexual relationship. Make sure not to eat until the food is served to everyone. It is traditional for Americans to split the bill per order when going out to a restaurant. For example, if you ordered a pizza and the person you're eating with ordered a hamburger, you pay the cost of the pizza and they pay for the cost of the hamburger; you split the tax and tip. When everything is split fairly, it is called going Dutch. It is also traditional that if someone buys a drink for you at a bar, you buy the next drink for them.

RESTAURANT MANNERS

Americans may not like it if you bring food from your home or a different restaurant into a restaurant. On the other hand, in an American restaurant, it is socially acceptable to bring the food you don't finish home with you. It is also okay to completely finish your plate of food. In America, get used to eating without having kimchi with every meal; it may be considered strange to Americans who do not have a similar equivalent (a side dish that they eat with every meal).

In general, it is unwelcome to make noise when you eat. Slurping your soup is not okay. Do not chew with your mouth open. Americans will find it rude if they can see the food in your mouth when you are eating. Do not pick your teeth with a toothpick or floss at the table.

🔍 EATING ALONE

In America, it is not strange behavior to eat alone. If you are hungry, feel free to eat alone; nobody is watching you or judging you when you do this.

SOCIAL AND BUSINESS MEETING MANNERS

When you meet someone, do not be late. It is rude to be late. If you are late, the person you are meeting with will be upset. If you are going to be late, call or SMS the person to tell them.

If you're having a party and want an American friend to attend, tell them one week in advance. Inviting people at the last minute might annoy Americans who like to plan many days ahead. When you meet a new person, make sure to give that person a strong handshake and look them in the eye. If you avoid eye contact with an American, they will think you are hiding something and won't trust you.

It is common in North America to use first names immediately upon meeting strangers. You might want to use your English name / nickname with Americans so they feel comfortable talking to you and don't feel anxious about mispronouncing your Korean name.

In the US, if you are on a soccer team with someone who is a doctor, you would not refer to them as "doctor;" you would call them by their first name or a nickname. They are just another player on your team so their credibility as a doctor doesn't count when playing soccer, whereas in Korea, the professional title "doctor" would be used more frequently.

Hotelier
English in
Action

IV

호텔리어 핵심용어

● 에덴 파라다이스호텔의 야외행사(가든 파티)

IV 호텔리어 핵심용어

1. 호텔 기본 실무용어

● 자료: 대구 라온제나 호텔 스위트 룸

A

⬤ A La Carte(알라 카르테_일품요리)

프랑스어로 일품요리라는 의미로, 메뉴 중에서 본인이 좋아하는 요리를 주문하는 형식이다. 세트메뉴와 상반되는 개념으로, 일품요리는 메인(육류)과 샐러드 후식, 음료 순으로 구성되어 있어 고객이 선택한 아이템에 대한 가격만을 지불하면 되는 특징이 있다. 또한 고객의 입장에서 선택의 폭이 넓고, 고객단가를 높일 수 있는 측면의 장점이 있지만 인건비와 식자재 관리 등에 어려움이 있다.

⬤ Accommodation

넓은 의미로 숙박시설을 뜻하는 용어로, 숙박산업에서 주로 호텔, 모텔, 펜션, 민박, 여관 등을 뜻하며, 우리나라는 관광호텔 숙박업과 일반 숙박업의 형태로 허가받아 운영 관리하고 있다.

⬤ Amenity

일반적으로 고객의 편의를 위해 품격 높은 서비스를 제공하기 위하여 객실·부대시설 등 호텔에서 무료로 준비해 놓은 각종 소모품 및 서비스 용품을 의미한다.

B

⬤ Back Side

호텔의 후방에 위치한 사무실, 리넨관리실, 주방 또는 고객에게 노출되지 않은 장소를 칭한다.

⬤ Baggage Tag

고객이 외출 또는 중장기 출장 시에 수화물을 맡겼을 때 고객에게 주는 것으로 Baggage Tag

은 일반적으로 1장은 고객에게, 1장은 호텔에서 보관하여 안전관리한다.

☁ Banquet

호텔 또는 기타 내부 식음료를 판매하기 위한 제반 시설이 완비된 특별한 장소에서 2인 이상의 단체고객에게 식음료와 부수적인 사항을 첨가하여 행사 본연의 목적을 달성할 수 있도록 해주고, 그에 따른 응분의 대가를 수수하는 행위를 말한다. 특히 각 호텔 특성에 따라 대중소 연회장으로 구성되어 운영되고 있다.

☁ Bellman

벨맨은 호텔의 프런트 데스크에서 투숙하는 고객이 체크인 절차를 마친 후, 프런트 데스크 부근에 있으면서 입실·퇴실(Check in, Check out) 절차를 마친 투숙객의 짐 운반, 보관 업무와 각종 안내·정보 제공 역할을 담당하는 호텔의 종사원을 칭한다.

☁ Busboy

호텔 식당에서 고객의 식사가 끝난 후 식탁을 치우는 등으로 각종 기물과 식사만 운반한다고 해서 붙여진 명칭으로 일반적으로 웨이터를 보조하는 호텔 종사원이라고 한다.

C

☁ Cancel Charge

환대산업에서 주로 사용되는 용어로, 예약 취소에 따라 지급하는 비용 일체를 의미한다.

☁ Cancellation

항공 좌석이나 여행·호텔에서 객실·식음료 예약취소의 용어로, 약어로 CXL이라고 표기해서 사용한다.

Captain

호텔에서 특정회사와 전략적 제휴를 통해 기업·호텔 간의 중장기 계약에 의하여 일정한 비율로
숙박·부대시설 요금을 할인해 주는 제도의 용어이다. 일반적으로 호텔에서는 비수기, 성수기
및 특정 극성수기에 따른 할인율 혜택을 제공해 주고 있다.

Check in

호텔에서 입숙 절차 수속하는 것을 의미한다. 주로 객실 배정 시에 사용되는 용어이다.

Check out

숙박한 호텔에서 숙박료(식음료비용, 기타 부대시설)를 지급하고 퇴숙할 때 사용되는 용어이다.

Cloakroom

호텔의 연회장, 식당의 코트 또는 휴대품 등의 일시 보관소이다.

Commercial Rate

호텔에서 특정회사와 전략적 제휴를 통해 기업·호텔 간의 중장기 계약에 의하여 일정한 비율로
숙박·부대시설 요금을 할인해 주는 제도의 용어이다. 일반적으로 호텔에서는 비수기, 성수기
및 특정 극성수기에 따른 할인율 혜택을 제공해 주고 있다.

Complaint Report

환대산업에서 주로 고객에게 불만·불평 사항을 기록하는 보고서이다.

Complimentary Coupon

호텔의 마케팅 기획 및 판매 목적 등을 위해 무료로 제공하는 객실 또는 식음료 또는 부대업장 등 기타 물질적 서비스를 말하며, 약어로 Comp라고 한다.

Confirmed Reservation

편지, 전보, 이메일, SNS 인터넷 등으로 예약한 객실을 확인하는 시스템. 일반적으로 오후 6~8시까지 입실해야 한다. 별도의 통보 없이 입숙하지 않을 경우 예약된 객실을 다른 고객에게 판매할 수 있다.

Connecting Room, Adjoining Room

객실과 객실 사이에 통용문이 있어 두 객실 사이를 열쇠 없이 드나들 수 있도록 연결된 객실을 말한다.

Continental Breakfast

주로 미국식 식사로 커피, 홍차, 주스, 코코아, 우유 등의 음료와 버터나 잼을 곁들인 토스트, 모닝 롤 등으로 구성된 간단한 아침 식사를 의미한다.

Corkage Charge

호텔의 식당이나 연회장, 부대업장 이용 시에 술(위스키, 와인 등)을 별도로 가져올 경우 글라스, 얼음, 서비스 등을 제공해 주고 판매가의 30~50% 또는 각 업장에서 정해진 요금을 받는 것이다.

D

● Deposit Reservation

호텔에서 일반적으로 예기치 못한 고객 사정으로 지불하지 못하는 경우에 대비하여 숙박기간 동안 예치금, 보증금을 받는 제도이다.

● DND

Do Not Disturb의 영어 약자로 '방해하지 마시오' 즉, 방문을 두드리지 말라는 뜻으로 통용된다. 투숙(재실) 중인 고객의 객실을 청소(정비·수리·점검)하고자 할 때 이 사인이 객실문 손잡이에 걸려 있으면 객실 청소(정비·수리·점검)를 미루어야 한다.

● Doorman

호텔, 환대산업에서 도착하는 고객의 자동차 문(door)을 열고 닫아주는 서비스를 하는 호텔 종사원을 칭한다.

● Down Grading

호텔 내부에서 발생한 객실 사정으로 예약받은 객실보다 저렴한 객실에 투숙시키는 제도로 당일 예약실에서는 예약 확인이 중요하다.

● Duty Free Shop

출국하는 내국인이나 외국인을 위한 면세물품 판매점으로 공항 또는 시내 백화점에서 운영하고 있다.

E

⬤ Early Arrival

교통수단(기차, 버스, 항공기)의 조기도착 등으로 체크아웃 시간 전에 도착한 고객이란 뜻이다.

⬤ Early Check Out

호텔에서 투숙 중인 고객이 체크아웃 일자보다 빨리 체크아웃하는 것. 반대로 고객 익스프레스 체크인(Express Check in)은 VIP 또는 단골고객을 위해 프런트에서의 체크인 절차를 거치지 않고 미리 배정된 객실로 바로 체크인할 수 있게 하는 것을 의미한다.

⬤ Emergency Exit

비상시 사용하는 문으로 지진·태풍·화재 등의 긴급한 사고에 대비하여 고객이 대피할 수 있도록 특별히 만들어두는 방화문. 일반적으로 객실내부, 복도에 배치해서 고객에게 사전 공지한다.

⬤ ENT

환대산업에서 주로 사용되며 Entertainment의 약자로 접대란 뜻. 객실이나 식음료의 고객에게 마케팅 측면에서 요금을 징수하지 않고 무료로 제공할 때 쓰는 용어이다. ENT BILL(접대 계산서)

⬤ ETA(Estimated Time of Arrival)

도착예정시간

⬤ ETD(Estimated Time of Departure)

출발예정시간

F

☁ Family Plan

부모와 같이 객실을 사용하는 14세 미만의 어린이에게 적용하는 제도로 Extra-Bed를 넣어주고 요금은 징수하지 않는다.

☁ FIT(개별여행객)

Foreign Independent Tour의 약자로 자유 여행하는 개별 단독여행객 또는 비즈니스 여행객을 말한다. 개별여행객은 단체여행객보다 체류비(객실, 교통, 식사)가 높게 발생된다.

☁ Flat Rate

호텔에서 단체투숙객들에게 일률적으로 적용하는 할인된 객실요금라는 뜻으로, 사전에 단체·제휴된 기업과 호텔이 서면 계약에 의해서 결정한다.

☁ FOLIO

객실에 투숙 중인 고객이 객실, 식사, 음료, 세탁, 전화 등의 요금을 당일 결제하지 않고 퇴숙 시에 정산할 경우 매일 발생되는 각종 계산서(Bill)를 Front Cashier가 모아서 전표 만드는 것을 뜻한다.

☁ Forwarding

본인이 잠시 자리를 비우거나 직원이 잠시 다른 곳으로 가서 근무할 때 본인의 행선지로 구내번호를 포워딩하여 연결시켜 놓는 방법. 예를 들면 하우스키핑의 업무가 끝나고 돌아갈 때 프런트로 포워딩하여 하우스키핑의 업무를 프런트에서 인계받을 때 사용한다.

⬧ General Manager

숙박업에서 관리와 영업을 총괄하는 업무로 이를 총지배인이라고 한다.

⬧ Graveyard Shift

호텔은 24시간 근무하기 때문에 3교대를 뜻하며 심야교대는 주로 밤 10:00부터 아침 7:00까지 근무한다.

⬧ Guaranteed Reservation

일반적으로 호텔 예약 시에는 예약자 본인의 신용카드번호를 사전에 알려주고 객실을 예약한다. 따라서 호텔에 투숙하지 않았을 때(No Show)에도 그대로 계산되기 때문에 신용카드 예약 시에는 주의가 필요한 예약 시스템 제도로 활용한다.

⬧ High Season

숙박객이 호텔을 가장 많이 이용하는 계절로 Peak Season이라는 의미이다.

⬧ Hold Room Charge

투숙 중인 고객이 짐(옷, 서류, 가방)을 객실에 놓아둔 채 단기간 지방 여행 또는 출장을 다녀오는 경우 실제로 고객은 이용하지 않고 객실을 고객의 성명으로 보류하여 둔 경우에 적용되는 객실요금이라는 뜻이다.

● 대구 라온제나 호텔 온돌 스위트 룸

Inbound Traveler

국내로 들어오는 외국 관광객을 뜻하는 용어이다.

Information Clerk, Concierge

관광, 자원, 유명한 명소, 시티투어 등에 관해 고객에게 친절한 서비스로 제공하게 되며, 정확한 정보 및 공항, 열차, 터미널 등의 교통수단에 관한 정확한 지식을 가지고 고객의 질의에 응답해 주는 일을 전담하는 호텔 종사원을 뜻한다.

Inventory

재고조사, 재고품, 명세서를 뜻하며, 호텔에서 판매전표와 출고전표를 확실하게 취급하고 재료

원가율에 유의하여 적정원가율을 항상 유지하도록 한다. 일일 재고조사(Daily Inventory)와 월, 분기, 연 재고조사(Annual Inventory) 등으로 구분한다.

L

☁ Late Arrival

호텔에서 객실 및 식음료 행사 시에 예약한 시간보다 늦게 도착한 고객을 말한다. 특히 식음료 행사 시에는 메뉴의 특성상 준비할 때 예약부서 직원과의 신속한 소통과 협력이 필요하다.

☁ Ledger

호텔의 회계 원장이라는 용어로, City Ledger(대외 후불) 또는 Guest Ledger(대내 후불)라는 용어로 쓰임. 즉 후불(외상)거래를 허락했을 때 회계상의 기장을 말한다. Employee Ledger는 근무하는 직원에게 후불거래를 했을 때의 회계상의 기장을 말한다.

☁ Lost & Found

호텔에 투숙하는 고객 또는 식음료 부서에 방문하는 고객의 분실물 습득 및 신고센터를 관리한다. 분실물은 일반적으로 3~5년 동안 보관한다.

M

☁ Makeup Room

룸메이드가 체크아웃한 객실의 청소를 완료한 것을 말하며, 객실팀(하우스키핑·프런트 데스크) 부서와의 긴밀한 소통이 매우 필요하다.

⬤ Morning Call

호텔에 숙박한 고객이 다음날 아침 또는 고객이 필요한 시간을 정하여 전화로 깨워줄 것을 부탁하는 것으로 주로 프런트 데스크 또는 객실관리 시스템으로 등록하여 고객에게 제공하는 기본적인 서비스이다.

⬤ Murphy Bed

객실 안 벽면에 벽장을 만들어 사용하지 않을 때는 벽장에 넣을 수 있는 침대를 칭한다.

※ 대구 라온제나 호텔 연회장 컨벤션

N

○ No Show

예약을 해두고 아무 연락 없이 나타나지 않는 고객. 투숙일정 중 첫째 날 객실료 1박치의 100% 위약금이 발생하기 때문에 예약 취소율을 반드시 확인하는 것이 중요하다.

O

○ Occupancy

호텔 객실 또는 항공기 좌석 이용률을 나타낸다.

○ Off Season Rate

숙박산업에서 주로 비수기 시즌에 고객을 유치하기 위해 특별 객실요금을 할인하여 운영하고 있다. 또한 각 호텔 특성상 비수기 시즌에는 다양한 프로모션을 통해 호텔매출을 높이기 위해 시행한다.

○ Out of Order Room(O.O.R)

호텔에서 호텔 내부시설, 외부시설 등의 고장으로 수리·정비 중이므로 이용이 불가능하다는 것을 총칭하는 용어이다.

○ Outbound

국외로 나가는 국내 관광객을 의미한다.

⬤ Over Booking

일반적으로 초과예약을 뜻함. 객실·좌석 등이 만원임에도 불구하고 취소에 대비하여 그 이상의 예약을 접수하거나 판매하는 것을 의미한다. 일반적으로 호텔에서는 총객실의 2%, 국내 항공에서는 2~3석을 초과예약한다.

⬤ Overcharge

호텔에서 객실 사용시간의 초과에 대하여 부과하는 요금. 즉 체크아웃 시간을 기준으로 일정시간을 초과함에 따라 적용되는 요금이다. 일반적으로 2시간 이내는 무료로 진행되지만 3시간 이상부터는 Over Charge가 적용되며, 호텔 규정에 맞는 비용을 적용하는 것이 일반적이다.

● 대구 라온제나 호텔 연회장 컨벤션

⬤ Overstay

호텔에서 예약상의 체류기간을 초과했을 때 체류를 연장하는 용어. 장기 투숙객의 편의를 위해 고객 메시지 서비스를 제공하여 알려주기도 한다.

🔵 Page Boy

호텔의 고객이나 외부 단골고객의 요청에 의해 필요한 고객을 찾아주고 메시지를 전달하는 등의 심부름을 Paging(페이징)이라 하며 이를 담당하는 호텔 종사원을 Page Boy라고 한다.

🔵 Rack Rate

호텔에서 외부 고객에게 제공하는 객실요금(공표요금)으로 호텔 경영진에 의해 책정된 호텔 판매 객실당 기본 요금이 해당되며, 객실 매출 관리에 중요한 역할을 한다.

● 호텔 식음료 표찰 STAFF

Registration Card

호텔에서는 숙박등록카드를 필수로 작성해야 하며, 대개 호텔의 명칭, 주소, 카드번호, 고객의 성명, 객실번호, 요금, 도착시간, 출발예정시간, 지불방법, 취급자 성명 등이 기재된다. 일반적으로 관광호텔등급을 받은 호텔에서는 1년 이상 보관해야 한다.

Regular Customer

호텔에서는 일반적인 고객을 칭하며, 처음 오신 분에게 좋은 이미지와 서비스를 하기 위해 최선을 다한다.

Repeat Guest

호텔에 자주 방문하는 재방문 고객·단골고객의 관리를 위해 특별한 서비스 또는 할인율을 적용해서 단골고객에게 제공하기도 한다.

Room Block

객실예약부서에서 투숙예정인 단체, 국제회의 참석자, VIP를 위해 사전에 객실을 지정해 놓는 것을 말한다.

Room Service

호텔에서는 객실에 투숙 중인 고객의 요청으로 식사, 음료, 기타 등을 객실로 운반하여 서비스하며, 주로 호텔 식음료부서의 영업에서 관리·운영한다.

Rooming List

호텔에서는 단체고객(여행사 및 기획여행)이 입실할 경우, 예약담당자 또는 고객을 대신한 예약자가 사전에 입실할 고객의 명단을 호텔에 제출하여 충분한 시간을 두고 배정한 객실번호 및 고객 명단을 정리해 두기도 한다.

Service Charge

호텔을 이용하는 고객이 부대업장이나 레스토랑에서 종사원의 서비스에 대하여 팁을 지불하는 것으로 영미권에서는 봉사료(팁) 제도가 정례화되어 있다. 한국의 경우 봉사료는 과거에 시행하였지만 현재는 시행하지 않고 있다.

Skipper

호텔에서 정상적으로 체크아웃 절차를 이행하지 않고 떠나거나 식당, 기타 부대시설을 이용한 뒤 비용을 지불하지 않고 아무런 메시지를 남기지 않고 떠나는 고객을 칭한다.

● 대구 라온제나 호텔 연회장 컨벤션

Suite Room

호텔에서 일반 객실, 특급 객실보다 윗단계인 스위트 객실로 거실과 분리된 1개 또는 2개 이상의 침실을 갖춘 고급 객실이다. 전체 객실의 5~10% 비율로 VIP 고객을 유치하기 위해 만든 객실을 칭한다.

T

⬤ Tariff(Room Tariff)

일반적으로 호텔 등 숙박업소에서 공표한 정규 객실요금이며, 호텔 브로슈어에 있는 요금표를 룸 태리프 Room Tariff라 한다.

⬤ TIP

To Insure Promptness의 약어로 신속한 서비스를 받기 위해 서비스맨에게 베푸는 고객의 호의(봉사료)

⬤ Tour Desk

손님들의 문제를 해결해 주고 정보를 제공해 주며 질문에 응해줄 목적으로 호텔 종사원이 호텔의 로비에 있는 Desk, Table 또는 Counter Space를 총칭한다.

⬤ Turn Away

객실 부족으로 고객을 더 받을 수 없어, 예약된 고객을 빈방이 있는 다른 호텔에 주선하여 보내는 것을 말한다.

⬤ Turn Down

야간에 객실 내를 간단히 청소하면서 고객의 침구를 손봐주며 고객이 잠자리에 쉽게 들 수 있도록 침대의 겉 시트와 담요를 한쪽으로 접어주는 서비스

Turn Over

주어진 기간 동안 차량들이 몇 번 순환되었는가 하는 제차 회전율이나 식사 때(Meal Period) 식당의 좌석이 고객에 의하여 몇 번 사용되는가에 대한 좌석 회전율을 뜻한다.

U

Upgrading of Room

고객이 예약한 객실보다 가격이 높은 객실에 투숙시키는 것이다.

V

Vacancy

객실이 풀 하우스(Full House)가 아닌 상태로 판매 가능 객실이 아직 남아 있음을 의미함. 주로 프런트 데스크에서는 공실 최소화를 위해 마감 전까지 판매한다.

Valet Parking Service

호텔에 방문하는 운전자를 위해 주차가 다소 힘든 고객의 주차·호출 시 편리하게 이용할 수 있는 고객 서비스로 1회 이용 시마다 발레파킹 비용을 청구한다.

Vending Machine

간단한 식음료나 담배 등을 판매하는 자동판매기를 말함. 비즈니스 호텔 또는 중소형 호텔에서 운영한다.

Waiting List

이미 예약이 끝난 호텔의 객실·부대시설을 이용하기 위해 예약이 취소되는 것을 기다리는 예약 명부를 의미한다.

Walk-in Guest

예약 없이 호텔에 도착하여 객실·식음료 상품을 구입하려는 고객을 말한다.

Washbasin

호텔의 객실 세면대를 뜻한다.

Welcome Envelope

호텔을 이용하는 개별·단체 고객의 체크인 시 객실 키와 등록카드를 넣어서 보관하는 봉투를 뜻한다.

2. 호텔 식음 조리용어

❋ 대구 라온제나 호텔 레스토랑

A

🍸 Absinthe(압생트)

칵테일을 조주할 때 주정에 혼합하는 리큐어(Liqueur)로, 쑥과 여러 가지 향초의 엑기스를 넣어 만들었다. 향이 강하고 도수가 높은 술이다.

🍸 Acidity(산도)

주로 포도가 주는 산도는 와인이나 음식에서 느끼는 시큼한 맛을 의미한다.

Advocaat(애드보카트)

브랜디(Brandy)에 달걀을 감미한 뒤 설탕을 섞어 바닐라향을 곁들인 술로 통상적으로 Feg Brandy라고 부르는 리큐어(Liqueur)를 말하며, 특히 네덜란드의 달걀술로 유명하다.

Aftertaste(애프터테이스트)

와인을 한 모금 마시고 나서 입안에 남아 있는 맛의 느낌으로 와인 테이스팅 시에 추가적으로 느껴지는 와인의 특징이나 결점을 감지할 때 사용하는 용어이다.

Aging

최상의 와인으로 완성하기 위해 어떤 특정한 환경 속에서 온도를 유지해 놓고 효소작용으로 숙성하는 것이다.

American Coffee

일반적인 레귤러 커피에서 더욱 연하게 추출하는 커피로 조식이나 진한 커피를 싫어하는 고객에게 제공한다.

AOC(Appellation d'Origine Contrôlée)

원산지 통제 명칭으로 1935년 프랑스 정부에서 규정한 와인 특정 지역과 생산자에 따른 와인의 품질규정을 의미한다.

AOP(Appellation d'Origine Protégée)

프랑스 정부에서 규정한 와인의 특정 지역과 생산자에 따른 와인의 품질규정으로, AOC의 제도에서 유럽의 통합으로 농산물의 원산지 명칭과 지리적 가치를 보호하고 중시하는 프랑스는 1992년 유럽연합(EU)이 발족한 농산물보호정책의 유럽연합 규정을 만들었고 2009년 이후 유럽의 농산물에 사용하는 유럽 공동적용 등급의 로고가 원산지 보호 명칭을 의미한다.

Appetizer

주로 레스토랑에서 사용하는 용어로, 식전에 먹는 전채요리나 음료. 식욕을 돋우는 짠맛, 신맛이 있는 재료를 사용하여 만든 뜨거운 요리와 찬 요리를 의미한다.

Aroma

코끝으로 느끼는 향기로 질 높은 고급 포도주에서 느낄 수 있는 고상한 향기를 뜻한다. 대개 레스토랑에서 메뉴(음식)의 풍미를 향상시키는 허브나 향신료를 총칭한다.

Assemblage(아쌍블라주)

프랑스어로 나무통에 들어 있는 와인끼리 섞는 것. 즉 블렌딩, 주로 프랑스 보르도와 샹파뉴 지방에서 사용하는 용어이다.

Assistant Chief Steward

호텔 식음조리팀의 용어로 총주방장 부재시 그 역할을 대행하며, 각종 연회행사 시 기물공급 및 설치를 담당하는 종사원을 말한다.

● 대구 라온제나 호텔 레스토랑

Astringency

와인에 있는 타닌에 의해 느껴지는 맛의 감각을 의미한다. 주로 입안에서 '쓰다' 혹은 '떫다'를 표현할 때 사용한다.

Atmosphere

환대산업의 호텔 또는 레스토랑의 고급 분위기, 환경이라는 뜻이며, 고객은 언제 어느 레스토랑을 방문하던 자기가 찾는 곳이 쾌적한 공간이기를 원한다는 의미이다.

Auslese(아우스레제)

독일어로 '선택'이란 의미. 독일 와인 법규에서 아우스레제는 잘 익은 포도송이만을 골라서 만들어진 와인이라는 의미이다.

B

Bacterial Food Poisoning

환대산업의 조리 시에 주로 사용되는 용어로, 세균성 식중독을 뜻한다.

Banquet Menu

주로 연회메뉴에 제공되며, 정식메뉴와 일품요리 메뉴의 특성을 가진 메뉴로서 연회예약을 받기 전에는 가격과 재료 질에 따라 다양한 일품요리 메뉴를 연회하려는 고객과 상의하여 고객이 만족할 수 있는 요리를 선택해서 즉석 메뉴로 구성하여 연회 시에 사용하는 메뉴를 의미한다.

Barbecue

육류 및 채소를 통째로 직접 불에 구운 요리

Barbecue Sauce

레스토랑에서 주로 토마토, 양파, 겨자, 마늘, 갈색 설탕, 생강, 맥주, 와인 등을 섞어서 만든 소스를 의미한다.

Bard

기름기가 거의 없는 고기류를 구울 때 베이컨이나 소금에 절인 돼지고기의 부위를 싸서 육즙이 나오지 않고 기름기가 있도록 조리하는 것이다.

Bartender

호텔 내부의 메인 바 부서 소속 종사원으로서 주요 업무는 칵테일 조주이다. 주류 전반에 대한 서비스를 담당하는 종사원을 통칭한다.

Basil

상쾌하고 매콤한 향이 강한 허브로 토마토와 잘 어울림. 거의 모든 Pasta 요리에 사용되는 식재료이다.

Basting

육류를 조리할 때 기름과 국물을 발라 요리에 윤기가 돌게 하여 풍미를 살리는 조리방법이다.

Batter

밀가루, 설탕, 달걀, 우유 등으로 글루텐이 형성되지 않도록 만든 반죽 용어이다.

Beat

조리 시 공기가 들어가지 않게 반죽을 옆으로 돌리면서 빠르게 젓는 방법을 뜻한다.

Benchmarking(벤치마킹)

환대산업에서 주로 사용되는 용어로 신사업을 진행하거나 경영혁신의 일환으로 경쟁·유사업종과 시장성 있는 국내외 성공·우량기업을 선정하여 본인 기업체의 실정에 맞게 수용해 나가는 과정으로, 벤치마킹은 내부적 벤치마케팅, 경쟁적 벤치마케팅, 기능적·일반적 벤치마케팅으로 구분할 수 있다.

Beverage Lost

음료 자체의 기본 원가로 음료(Beverage) 제조 시 구입된 음료자재 매입원가의 용어이다. 호텔의 음료자재는 모든 냉장 및 일반 창고저장 매입을 원칙으로 한다.

Beverage Manager

음료를 담당하는 지배인으로 음료부서 최고의 책임자로서 영업에 관한 정책수립 및 계획, 영업장 관리 종사원의 인사관리 등 음료부서의 전반적인 운영상태에 대한 책임을 진다.

Blanch

조리 시 끓는 물이나 뜨거운 기름에 잠깐 담갔다가 꺼내는 것. 과일이나 견과류의 껍질을 벗기거나 얼리기 전의 처리방법이다.

Blend

음료 및 조리 시에 두 가지 이상의 재료를 혼합하여 만드는 것을 뜻한다.

Blender

전동 믹서기로 강, 중, 약의 회전속도 조절장치가 부착되어 있으며 과일, 크림, 달걀 등이 들어가는 셰이크 종류를 섞을 때 쓰인다. 회전 날부분을 항상 청결하게 관리해야 한다.

♀ Boil

100℃의 물에 식재료를 끓이거나 끓는 물에 삶는 것을 뜻한다.

♀ Brunch

주로 영미권에서 아침과 점심을 겸해서 먹는 것을 말하며 주로 오전 10시에서 오후 14시 사이
에 식사하는 것을 뜻한다.

● 식음료 쇼케이스

♀ Budget

예산이란 의미로 식음료 레스토랑의 수익과 지출에 비교한 일반적인 식료 원가율을 뜻한다.

● 호텔의 조식 뷔페

🎤 Buffet Restaurant

환대산업의 연회행사에 주로 사용되는 용어로, 준비해 놓은 요리에 균일한 요금을 지불하고, 자기의 양껏 선택해서 먹는 셀프서비스. 한국에서는 주로 결혼식, 돌잔치, 기타 단체행사 시에 이용한다.

C

🎤 Cafe

Coffee를 판매하는 곳으로 프랑스 용어이다. 작은 식당을 의미이며, 현재는 간단한 음료 및 식사를 판매하는 곳을 총칭하기도 한다.

Cafe Latte

에스프레소 커피에 뜨거운 우유를 섞은 것으로 사이즈가 큰 유리 Mug잔에 담아서 제공한다.

Cafeteria(카페테리아)

고객이 직접 가져다 먹기 편하도록 음식물이 counter table에 있어 요금을 지불하고 이용하는 self-service 식의 간이식당을 일컫는다.

Canape(카나페)

주로 연회행사에서 식감을 돋우기 위해 제공하는 전채요리의 일종으로 얇고 작게 썬 빵조각이나 크래커, 페이스트리 위에 치즈, 앤초비, 달걀, 햄, 연어 알 등을 얹는다.

● 호텔의 카나페(우측)

Cashier

회계 수납원이란 뜻으로, 외식사업체 고객의 식음료 가격을 계산하여 그날의 영업실적을 지배인에게 보고한다.

🍸 Catering

식음료 부서 중 외식 전문을 일컫는다.

🍸 Catering Kitchen

혼합형 전문 주방이란 의미로 다듬기 주방과 마무리 주방이 한 공간에서 분리된 형태이며 중대형 외식업에 적합하다.

🍸 Caviar(캐비아)

생선의 알을 소금에 절이는 방식으로 제공하는 메뉴의 일종. 애피타이저나 술안주에 사용되며 카리브해에서 생산되는 철갑상어(Sturgeon)의 캐비아를 선호한다.

🍸 Central Kitchen

환대산업에서 식품가공업과 비슷한 일종의 공장으로 원재료를 일괄 구입하여 기계에 의해 조리하는 것으로, 가공된 반가공식품(convenience food)을 생산하는 곳이다. 반가공식품을 각 점포에 배정하면 거기서 가열, 최소한의 최종가공을 하여 이용자에게 제공되며 중앙주방시스템이라는 뜻이다.

🍸 Champagne(샴페인)

주로 발포성 와인으로 프랑스 북쪽 지방의 지명에서 유래되어 각종 행사에 사용하는 일반적인 와인이다.

🍸 Checking Machine

호텔 식음료 매상기록 및 관리를 위한 식당회계 system에서 사용하는 금전 등록기의 일종이다.

Chef

환대산업의 조리 종사원을 뜻한다.

Chef de Rang System(셰프 드 랑 시스템)

서비스 조직 편성은 프렌치 서비스 브리가드(French service brigade)라고도 하며, 가장 정중하게 최고급 서비스를 제공할 수 있는 고객들을 대상으로 하여 고급 식당에서 적당한 서비스를 편성하게 된다. 레스토랑에는 총괄책임자인 지배인이 있고 그 곁에 접객 책임자인 head waiter가 있으며, 아래에 접객 웨이터 또는 웨이트리스가 각기 근무조로 편성되었다. 각 근무조는 2~3명으로 구성되어 지정된 테이블을 맡아 서브하는 제도이다.

Chilling

음료 및 조리 식재료를 얼음이나 냉장고에 넣어 차게 하는 것을 의미한다.

Chive

조리에 사용하는 매우 길쭉한 녹색의 작은 파 모양의 싹이며, 부드러운 맛을 가지고 있어 주로 수프와 샐러드의 Garnish로 이용한다.

Chowder

주로 해산물을 이용하여 조개, 게, 굴, 생선, 감자, 양파, 베이컨 등을 스튜같이 진하게 조려서 만든 수프. 영양이 풍부해서 빵과 곁들여 한끼 식사로 이용한다.

Cocktail Sauce

소스의 일종으로 토마토케첩, 칠리소스, 호스래디시, 레몬주스, 핫소스 등을 섞어서 만든 새콤한 소스. 새우, 굴 등의 해산물과 잘 어울린다.

Cold Room

냉장실

Combination Menu(콤비네이션 메뉴)

정식요리 메뉴와 일품요리 메뉴의 장점만을 혼합한 메뉴로 최근 들어 많이 선호한다. 메뉴의 아이템이 고객에게 친숙하지 않은 western style의 음식을 제공하는 레스토랑의 경우 일품요리 메뉴는 고객의 측면에서 여러 가지 모순점을 안고 있다. 판매 촉진을 위한 특별메뉴 형태의 메뉴를 이용하는 것이 최근의 변화하는 고객의 필요와 욕구에 대처할 수 있는 메뉴관리에 대한 새로운 방법이다.

Commercial Feeding

영리목적

Communication

환대산업에서는 팀워크와 협업이 매우 중요한 부분으로, 부서 간 상호 커뮤니케이션이 매우 필요하다. 즉 행사 관계자 조직의 구성원이 서로 의견을 교환하고 경영조직 내에서 일어나는 각종 정보를 그 구성원에게 전달하는 과정을 뜻한다.

Compote(콩포트)

조리 시 과일에 설탕을 넣고 졸인 것을 뜻한다.

Consomme(콩소메)

맑고 진한 맛을 가진 수프로, 콩소메는 '완벽한'이라는 뜻이다. 주로 가금류를 이용한다.

Cube

1.5cm의 정사각형 모양으로 자르는 방법의 조리용어이다.

Cutlet

작고 납작하며 뼈가 없는 고깃조각. 혹은 얇게 썬 고기에 밀가루, 달걀, 빵가루를 묻혀 튀겨내는 조리용어이다.

Cycle Menu

순환메뉴로 일주일 단위 또는 계절별로 순환 또는 회전되는 메뉴이다. 보통 뷔페, 학교, 기업체 같은 단체 급식소에서 사용한다.

● 연회행사 준비

D

Daily Actual Food Cost

식음료 및 조리부서에서 일자별 식자재의 실제 원가를 뜻하는 용어이다. 매일의 날짜를 기준으로 산출된 식자재의 실제 원가를 의미한다.

Daily Special Menu(특별메뉴)

특별메뉴는 원칙적으로 매일 구입한 특별한 재료를 주방장이 최고의 기술을 발휘하여 고객의 식욕을 촉진케 하는 메뉴이다. 특별메뉴는 각종 기념일이나 명절과 같은 특별한 날이나 계절과 장소에 따라 그에 어울리는 산뜻하고 입맛을 좋게 하는 메뉴이다.

Data Base Management System

판매효과를 증대시키기 위해서 고객을 집중적으로 관리하는 것으로 고객의 전반적인 부분에 대한 데이터의 축적, 검색, 보수, 수집하는 시스템을 뜻한다.

Decant(디캔트)

디캔트는 '가만히 따르다'라는 의미로, '마개가 있는 식탁용 포도주병(Decanter)에 옮긴 것'이다. 오래된 적포도주를 세워두어 앙금이 가라앉으면 디캔터에 가만히 따라서 앙금을 제거하는 것을 뜻하는 와인용어이다.

Deep Freeze

냉동실

Dehydration

탈수건조로 주로 식품에서 수분을 제거하는 과정으로 인공건조법 중 가장 효과적이고 위생적이고 빠른 방법은 햇볕에서 건조하는 것이다.

⚗ Demi-Glace

원래 부피의 ½ 정도가 될 때까지 끓여서 졸인 갈색의 걸쭉한 소스를 만드는 조리용어이다.

⚗ Department Store Restaurant

일반적으로 백화점 또는 대형마트에 위치한 식당으로 쇼핑객들을 대상으로 영업하고, 대개 셀프
서비스 형식을 취하며 좌석 회전율이 빠른 패스트푸드(fast food)류의 메뉴가 주종을 이룬다.

◦ 그릴 스테이크 메뉴

⚗ Dice

조리의 식재료 작업 시에 주사위 모양의 깍둑썰기로 자르는 방법을 뜻한다.

⚗ Dough

주로 빵 반죽(물, 밀가루, 설탕, 우유, 기름)으로 밀가루의 점성을 살려서 만든 반죽을 뜻한다.

Dressing

샐러드, 고기, 생선요리, 기타 요리의 맛을 더 좋게 하려고 끼얹는 것을 뜻한다.

E

EATS

환대산업의 외식산업에서 먹는 산업을 의미한다.

Economic Environment

환대산업에서는 경제환경이 중요한 요소이다. 이는 환대산업의 활동에 영향을 미치는 거시적 경제변수들에 의해 생성된다. 크게 보면 환대기업의 수요는 인구뿐만 아니라 구매력(purchasing power)에 의해서도 영향을 받아, 현재의 소득, 물가, 저축 및 신용 이용능력의 함수로 개인 가처분소득의 수준과 그 계층별 분포, 수의적 소득, 생계비의 수준, 고객의 저축과 부채의 추세, 고객 수준 및 그 구조 등이 영향을 미친다.

Employee Feeding

기업체나 단체식당 등 직원급식을 일컫는 용어이다.

Entree(Main Dish)

Entree(앙트레)는 '주요리'라는 뜻으로, 음식의 경우 프랑스에서는 제일 먼저 제공되는 음식을 말한다. 앙트레는 본래의 뜻과 달리 전통적인 메뉴의 구성에서 세 번째 위치 즉 전채요리, 생선 과 토스트 중간에 서빙되는 코스로 되어 있다.

Escoffier(에스코피에)

프랑스의 요리를 체계화한 주방장(1846~1939)으로 전문 요리책의 저자이기도 하다.

Executive Chef

주방 조직상 가장 상위에 속한 종사원으로 대규모 식당이나 관광호텔에서 모든 종류의 주방을 지휘·통제하며, 회사의 표준화 작업에 준하여 식사서비스를 위한 모든 식료준비에 대한 총괄적인 책임을 지고, 각 부대 식당의 메뉴와 특별메뉴를 작성하며, 이에 대한 표준량 목표를 작성하고, 식당 이용객의 예상인원을 판단하여 식재료의 주문과 식재료를 검수하고 조리사들에게 전문조리의 기술을 보급하며 각 주방장의 근무 스케줄을 확인하고, 주방요원의 작업을 지휘·감독하는 중요한 업무를 수행한다.

F

F&B Manager

외식사업체의 식음료 책임자를 칭한다.

Fast Food

외식산업의 한 형태로서, 고객이 음식을 주문하면 곧바로 제공되는 신속함과 편의성을 가지고, 상대적으로 낮은 가격전략을 구사하는 영업형태이다. 특히 맛과 점포 분위기, 서비스를 제공하는 음식의 제조와 판매가 분리된 조직적인 경영기법인 프랜차이징 시스템(franchising system)으로 운영되는 특징을 갖고 있다.

Feeding

급식식당의 용어로 비영리적이다. 셀프서비스 형태의 식당으로 학교급식, 병원급식으로 많은 인원을 수용하여 운영한다.

Finger Bowl

레스토랑에서 식사 중에 손으로 먹는 음식이 나올 때 손가락을 씻기 위한 작은 그릇이다.

Fixed Cost and Variable Cost

식재료를 계산할 때 고정원가(Fixed Cost)와 변동원가(Variable Cost)로 구분하여 관리한다.

Food & Beverage Director

식음료부서의 최고 책임자로서 영업에 관한 정책수립 및 계획, 영업장관리, 전 종사원의 인사관리 등 전반적인 운영상태에 대한 책임을 지는 직위이다.

Food Court

다양한 메뉴를 갖춘 식당을 의미한다.

Food Sanitation

식품위생이란 의미로, 식품 집기 기구 또는 용기, 포장을 대상으로 하는 음식에 관한 위생상태를 일컫는다.

Food Service Industry

가정 밖에서 행하는 식사의 총칭으로, 일반적으로 가정 이외의 장소에서 요리나 음료수를 제공하고 그 대가를 받는 것과 이를 영업으로 하는 것을 지칭한다.

Forecast

과거의 영업 실적과 현재 시점에서 미래에 대한 수요 예측을 통한 호텔의 전반적인 상품 판매 등의 영업 예측을 의미한다. 영업 예측은 월별, 분기별, 연별로 구분하기도 하며, 단기, 중기, 장기 예측으로 구분하여 경영 전반에 반영하는 자료로 활용하기도 한다.

Four P(4p)

마케팅 용어로 가격(price), 제품(product), 촉진(promotion). 유통(place)의 요소를 의미한다.

Franchise(system)

본부에서 식품 구매, 음식 조달방법 등을 표준화한 운영방법을 개발하여 가맹점을 모집한 후 제품의 독점 판매권을 부여하고 시설을 설비해 주는 체인 시스템을 의미한다. 최근 외식업체가 기업화되고 경영기능이 강화되면서 통제와 관리가 편리하고, 원가 절감에 기여하는 운영시스템으로 체인화 시스템 혹은 프랜차이즈 시스템의 형태로 운영하는 방식이다.

French Dressing

기름과 식초를 2 : 1의 비율로 혼합하여 유화시키는 것을 의미한다.

Fritters

식재료를 반죽에 묻혀 많은 기름에서 황갈색으로 튀긴 것. 새우튀김을 새우 프리터라고 한다.

Frozen Meat

냉동육의 의미로, 낮은 온도에 저장하여 보관하는 육류를 말하며, 보통 -18~-0℃ 사이의 온도에 저장한 육류는 효소와 박테리아의 활동을 억제하기 때문에 냉동육의 보관상태가 매우 중요하다.

Full Course Restaurant

정해진 메뉴(set menu)에 의해 제공되는 것으로 전채, 수프, 생선요리, 채소요리, 후식 등의 순

서로 구성하여, 정식메뉴 판매는 일품요리 판매보다 가격이 저렴하고, 고객의 선택이 용이, 원가(cost)가 낮아지고, 매출액이 높고, 가격이 고정되어 회계가 쉽고, 신속하고 능률적인 서브(serve)를 할 수 있으며, 조리과정이 일정해서 인력이 절감되는 유리한 점을 가지고 있다.

● 엘 스토리 레스토랑

G

🔵 Gala & Festival Menu

국제 메뉴, 축제일이나 각 지방, 각 나라의 특별한 날을 기념하기 위해서 만든 메뉴로, 주로 미국에서는 추수감사절이나 성탄절에는 칠면조요리나 호박파이 등을 반드시 메뉴에 넣어 구성하기도 한다.

🔵 Garden Party

가든파티의 의미로, 좋은 날씨를 택하여 정원이나 경치 좋은 야외에서 진행하는 파티의 용어이며, 가든파티는 다른 형식의 옥외 파티와는 달리 평상복이 아니라 정장차림으로 참석해야 하는 모임이다. 일반적으로 음식은 한입 크기로 준비하고 맛 좋은 품목으로 훌륭한 접시 위에 예쁘게 담아낸다.

Garlic Oil

조리 시 가장 많이 사용되는 마늘의 풍미를 더한 기름으로 주로 스파게티 소스에 잘 어울리며 주방에서도 손쉽게 만들 수 있는 장점이 있다.

General Manager

외식사업체의 경영을 책임지고 운영하는 총지배인이라는 의미이다.

Ginger(진저)

생강과에 속하는 다년생 풀로 잎은 생강 모양이며, 아시아가 원산지로 분쇄한 생강은 피클, 스튜, 달걀, 아이스크림 등의 향료로 쓰인다. 설탕에 절인 생강은 제과에서 많이 사용하며, 진저에일, 전저 비어에도 이용한다.

Glass Ware

레스토랑의 기물 중 유리로 만든 식기류

Guaranteed Payment Reservation

지급보증 예약으로 고객이 도착하기 전에 고객의 요청에 따라 호텔에서 유보하는 객실을 말한다. 객실요금을 지불하였으므로 비록 고객이 도착하지 않았더라도 회사나 기관으로부터 보상받을 수 있으며 이것을 취소하지 않는 한 불변사항이다.

Guest Elevator

고객 전용 승강기로 고객을 동반하여 객실을 왕래하는 벨맨을 제외한 일반 종사원의 출입이 금지된 고객 전용 승강기를 말한다.

Guest History Card

고객의 이름과 직장, 주소, 생일 및 몇 가지 기념일을 비롯해 고객이 마신 음료, 주요리, 후식, 기타 세부사항들을 일목요연하게 정리해서 관리하고 있다.

Guest Service

손님 접객. 영업장을 찾는 손님을 접대하는 서비스로 고객의 식사 경험에 즐거움을 부여해야 한다는 책임감을 가져야 한다.

H

Hash

잘게 썬다는 의미로 고기와 감자, 양파, 셀러리, 고추 등을 잘게 썰어서 만든 요리를 뜻한다.

Head Waiter

헤드 웨이터(captain). 대형 식당에서는 부지배인 격으로, section 책임자로서의 역할을 한다. 중·소 식당에서는 지배인 격으로 업무를 수행한다. 주된 업무는 업무지시 및 감독, 서비스 요원 간의 업무협조 조성, 고객불평 처리, 연회업무의 수행, 각종 집기 및 리넨 관리와 각종 보고서의 작성 등이다.

Head Waiter System

헤드 웨이터 시스템. 작은 인원으로 구성되어 같은 효과를 얻고자 하는 편성이 헤드 웨이터 시스템이다. 이것은 헤드 웨이터(head waiter) 밑에 식음료 담당 웨이터와 보조 웨이터로 편성되어 헤드 웨이터 관장하에 웨이터와 웨이트리스는 지정된 테이블 없이 전 식당을 서비스하게 하는 조직 편성을 말한다.

Health Food Menu

건강식 메뉴. 환자나 건강을 관리할 필요가 있는 사람들을 대상으로 해서 만든 건강식품의 요리로 구성된 메뉴로 육류, 생선, 아스파라거스 등 특히 고단백 식품을 말한다.

Herb

주로 잎을 사용하는 향신료의 총칭. 바질, 월계수 잎, 로즈메리 등 신선한 상태나 말린 상태로 유통된다.

Horseradish(호스래디시)

중앙아시아와 유럽이 원산지로 뿌리의 껍질을 벗겨 간 뒤 식초와 우유를 넣고 끓인다. 신선한 것은 강판에 갈아서 소스, 생선, 고기요리에 다양하게 사용한다.

Hot Dog

미국의 유명한 샌드위치로 길쭉한 빵에 겨자, 피클, 치즈 등을 채워 먹는 샌드위치의 일종을 뜻한다.

Hot Pack

고온포장의 의미로 큰 팬에 끓는점까지 시럽이나 다른 액체를 가열한 뒤 준비한 과일을 넣고 과일을 특별하게 지정된 방법으로 익히는 것이다.

Hurst Method of Menu Scoring

허스트 메뉴 평가법으로 가격의 변화, 원가, 인기도, 이익공헌도 등 판매에 미치는 영향을 측정하는 평가법이다.

● 그랜드 앰배서더 드래곤 호텔 객실

🔈 Ice Cream

유제품과 설탕이 주재료이며 냉동제품으로 보관한다.

🔈 Impressive Service

감명 깊은 것을 선사하여 고객에게 기쁨과 감동을 안겨주는 서비스이다.

🔈 Industrial Feeding

산업체 급식

🔔 Institutional Feeding

비영리를 목적으로 하는 급식을 말한다.

● 유아 키즈 룸

J

🔔 Jam

각종 과일과 설탕, 기타 등을 주재료로 하여 걸쭉하게 만드는 것이다.

🔔 Japanese Style Restaurants

일본음식점업

🔔 Job Description

직무설명서로 직무를 수행하기 위해 요구되는 사항을 명시한 것이다.

Job Specification

직무 명세서로 특정 직무를 수행하기 위해 요구되는 사항과 직원의 자질을 밝히기 위한 것으로 신입·경력 직원 채용에 필수적으로 적용한다.

Julienne(쥘리엔)

주로 채소류를 가늘게 채써는 방법을 뜻한다.

K

Kitchen Cleaning

주방도 특성에 따라 구분해서 청소하면 일의 효율을 높일 수 있다. 특히 바닥에서 벽, 천장에 이르는 주방공간 곳곳에 설치된 선반과 그 위의 집기 그리고 주방기구 등으로 구별하여 청소하면 더욱 효과적이다.

Kitchen Salt(조리염)

바다의 지질층에서 찾을 수 있는 희고 투명한 물질로, 염화나트륨 즉 소금이다. 특히 음식의 풍미 증진을 위해 사용된다.

Know-How

특허권과는 달리 기계의 조작기술이나 제품의 생산과 관련되는 기술적 지식, 운영·관리기법 등과 같은 것을 말한다. 예를 들면 컴퓨터를 이용할 때 쓰이는 프로그램의 사용료 등이 해당된다.

Korean Style Restaurants

한국식 음식점

L

Labour Union

노동조합

Light Menu

정식 메뉴 중 대개 비만증인 사람들을 위해서 만든 메뉴로 생선, 달걀, 우유, 치즈, 과일, 주스 등을 사용하여 만든다. 일반적으로 유류는 사용하지 않는다. 최근에는 헬스푸드 메뉴로 칭하기도 한다.

Limited Menu

제한 메뉴로 고객이 선택할 수 있는 메뉴품목의 수가 매우 제한된 형태로 간이·간편식을 제공하는 레스토랑에서 주로 사용된다.

Line Organization

직계조직 또는 군대식 조직으로 최고경영자의 의사결정이나 명령이 상부에서 하부로 직선적으로 전달되는 조직형태를 뜻한다.

Lip Service

기계처럼 자동으로 입에서 튀어나오는 서비스를 말한다.

Liqueur(리큐어)

증류주에 과즙, 약초 등을 가하고 설탕을 첨가하여 만든 혼성주이다.

🍷 Liquor Store

주류 저장실

🍷 Location Industry

입지산업

🍷 Loin

육류의 등심

⚬ 그랜드 플라자 호텔 김주경 총주방장의 스테이크 메뉴

M

🍷 Main Dining Room

메인 정식식당

Man's Bar

남성 전용 주류 판매장소

Marinade(마리네이드)

고기나 생선을 조리하기 전에 맛을 들이거나 부드럽게 하려고 기름과 채소에 재워두는 방법. 비프 스테이크나 로스트 치킨을 요리할 때 이 과정을 거치면 한층 맛이 좋아진다.

Marjoram(마조람/마저럼)

약간 쓴맛이 있는 향기가 강한 향신료. 육류 특유의 냄새를 없애는 데 효과적이며 생잎은 요리 장식에 쓰인다.

Marmalade(마멀레이드)

오렌지나 레몬 등의 껍질로 만든 잼의 용어이다.

Mayonnaise(마요네즈)

달걀, 식초, 레몬, 겨자, 소금, 후추, 설탕에 기름을 넣어 유화시킨 소스 용어이다.

Meal Coupon

식권

Medallion

작고 둥근 동전 모양의 육류 덩어리를 뜻하는 조리용어이다.

Melba Toast(멜바토스트)

프랑스 요리 명장인 에스코피에가 만든 것으로 토스트를 얇고 바싹하게 구운 것을 말한다.

Meringue(머랭)

달걀흰자에 설탕을 넣고 휘핑해서 부풀어오르면 케이크나 파이, 푸딩 위에 얹어 굽는 것을 말한다.

Meuniere(뫼니에르)

프랑스식 생선 조리법의 일종. 생선을 우유나 레몬즙에 담가 냄새를 뺀 다음, 소금, 후추를 뿌리고 밀가루를 묻혀 프라이팬에 버터구이한 요리로 산뜻하고 담백한 생선 맛을 즐길 수 있는 요리법이다.

Mignon(미뇽)

소고기 안심부위 중 끝부분을 스테이크용으로 토막내어 베이컨을 감는 방법의 조리용어이다.

Mince(민스)

조리 시 잘게 다지는 방법이다.

Mint

상쾌한 향이 나는 향신료로 주로 말린 잎은 소스나 스튜 등에 사용되고 생잎은 주로 디저트류를 장식하는 용도로 사용되며, 페퍼민트와 스피어민트, 애플민트 등이 있다.

Mirepoix(미르푸아)

채소의 당근, 양파, 셀러리를 1 : 2 : 1로 섞은 혼합물로 스톡이나 소스에 사용하는 채소 혼합물을 말한다.

Mixing

두 가지 이상의 재료를 한 덩어리로 합치는 방법을 뜻하는 조리용어이다.

Mold

특정 모양의 금속 틀

Moment Of Truth

진실의 순간이란 뜻으로 이 용어는 스웨덴의 마케팅 전문가가 처음 사용했고, 스칸디나비아 (SAS) 항공의 얀 칼슨 사장이 『진실의 순간』이란 책을 내면서 유명해졌다. 고객이 조직과 접촉하는 순간 그 인상이 좌우되는 매우 중요한 순간임을 뜻한다.

Monte(몽트)

조리에서 마무리 작업에 사용되는 것으로 음식의 부드러움이나 농도를 내기 위하여 우유나 버터를 넣는 조리법이다.

Month End Actual Food Cost

월말 식자재 실제 원가(총소비된 식자재의 원가와 순판매분 식자재 원가)

Mustard(머스터드)

한국 겨자보다 매운맛이 적으며 향기가 높은 서양 겨자로 식초, 소금, 향료를 섞어 만든 것으로 육류 요리에 잘 어울리고, 버터와 섞어 빵에 바르거나 소스에 섞어 사용하기도 한다.

Mutton

성숙한 양

● 그랜드플라자 호텔의 김주경 총주방장 스테이크 메뉴

N

🔲 Nacka System(나카 시스템)

진공으로 플라스틱 봉지에 저장하는 방법으로 식품을 2~5℃에서 3~4주 동안 저장할 수 있는 장점이 있다.

🔲 Net Cost of Food Sold

순판매 식자재 원가. 고객에게 판매된 식자재의 화폐가치 금액으로, 총소비 식자재 원가에서 음료 판매를 위한 이체분 식자재 원가와 판매 목적 외의 용도로 소비된 식자재 원가를 제한 금액이 된다.

🔲 Night Audit

야간 회계 감사. 야간 근무 중 수취 계정금(Accounts receivable)을 말하며 잔액의 일치를 검사하는 야간 회계 감사 업무를 말한다.

🔹 Night Manager

당직 지배인

🔹 No Consumer, No Business

고객 즉 소비자 없이 기업은 생존할 수 없다는 용어이다.

🔹 NRA

National Restaurant Association(미국식당협회)으로 외식산업을 크게 영리 목적과 비영리 목적으로 구분하고 있다.

🔹 Nutmeg(너트맥)

육류나 생크림을 사용하는 요리에 없어서는 안 될 향신료로 사향의 향기라고도 불리는 기품 높은 단맛을 가진 방향제이다.

● 그랜드플라자 호텔의 김주경 총주방장 특별메뉴

Oblique

주로 당근과 같은 둥근 채소류를 어슷하게 써는 방법이다.

One to One Marketing

일대일 마케팅

Operating Departments

영업부서 고객의 서비스와 직접 관련되는 부서(경영지원부)

Order Taker

객실에서 온 전화로 식음료 주문을 받고 주문 전표를 작성한다.

Oregano

주로 이탈리아 요리에 쓰이는 독특한 향기와 쓴맛이 나는 향신료로 연한 녹색이다. 토마토 요리나 그레이비 소스, 수프, 고기요리 등에 사용한다.

Organizational Goals and Objectives

조직의 목표와 목적을 위해 가능한 합리적·경제적으로 고객을 만족시킴과 동시에 비용을 최소화하고, 이윤을 극대화하는 전략이다.

Outside Call

외부 전화. 외부로부터 교환대에 들어오는 전화를 말한다.

Outside Room

숙박 시 외부 또는 외측의 객실을 말한다.

Overstay

예약·제휴 기간을 초과하여 체류를 연장하는 고객으로 일반적으로 중장기 투숙객이 해당된다.

P

Parfait(파르페)

아이스크림에 시럽, 과일, 생크림을 층으로 넣은 뒤 생크림으로 장식한 디저트의 용어이다.

Parmesan

일반적으로 갈아서 판매되는 딱딱한 이탈리아 치즈의 종류이다.

Pasta

마카로니, 스파게티, 라비올리, 라자냐 등 각종 밀가루를 반죽해서 만든 이탈리아 요리 재료이다.

Paste

고추장처럼 되어 있는 걸쭉한 상태의 반죽을 의미한다.

People Industry

환대산업(인재산업)

Personal Service

인적 서비스

Physical Evidence

물리적 환경으로서 서비스가 이루어지는 장소와 서비스 커뮤니케이션 및 서비스 상품의 산출을 위해 존재하는 모든 유형물로서 이는 서비스 상품이 생산·판매되는 장소의 환경을 말한다.

Pickup Self Service

고객이 카운터에서 주문하고 거기에서 상품을 수령한 다음 점포 내에서 식사하는 서비스 용어이다.

Pickle

초절임으로 소금에 절인 채소나 과일을 식초 탄 물에 담가 숙성해서 사용하며, 주로 오이, 고추, 셀러리, 콜리플라워, 올리브, 양파, 마늘 등 거의 모든 채소와 과일을 이용하는 조리용어이다.

Plate

레스토랑에서 음식을 담아내는 접시류의 총칭이다.

Poach

80℃ 이하의 온도에서 끓이는 것

Poaching

원형을 상하게 하지 않은 채 뜨거운 물에서 삶는 것(달걀요리)

Point of Sales Displays

판매 시점 진열

POP(Point Of Purchase)

구매시점 광고의 약어. 판매 및 상품을 진열하는 기능으로 상품설명, 보조기구 매장안내, 판매 능률 촉진, 분위기 형성, 광고 및 PR의 보조 역할을 한다.

POS(Point Of Sale)

레지스터에 의해 단품별로 수집한 판매정보 및 매입, 배송 등의 활동에서 발생하는 각종 정보를 컴퓨터로 보내어 각 부문이 필요에 따라 유효하게 이용할 수 있는 정보로 가공하여 전달되는 시스템이며, 소매업의 종합경영정보 시스템을 뜻한다.

Potage(포타주)

육류, 어패류, 채소를 끓여서 우려낸 국물로 전분이 들어 있는 수프의 용어이다.

Powder Sugar

설탕을 고운 가루로 빻은 다음 뭉치지 않게 전분 등을 약간 넣은 것으로 케이크나 버터크림을 만들 때, 장식용으로 사용한다.

Prawn

큰 새우

Price Rises

가격 상승의 용어로 고객이 돈을 대안적으로 사용할 수 있는 분야 또는 환대기업과 관련된 분야의 가격수준(price levels)을 고려한 후에 결정해야 한다. 환대산업의 광고예산은 고객들이 자사를 명확히 인식하도록 충분히 광고활동을 전개해야 하고 또 그것은 적절히 사용되어야 한다.

🍷 Procedures

조리과정

🍷 Product

외식업의 다양한 생산 상품

🍷 Product Marketing

외식사업에서 특정 상품의 독특한 마케팅을 말한다.

🍷 Program Provider

프로그램 공급업자

🍷 Promotion

외식산업의 활성화를 위한 판매 촉진을 의미한다.

🍷 Pudding

디저트에 많이 쓰이는 부드러운 생과자. 달걀, 우유 등을 주재료로 하여 쪄서 만들었다. 따뜻한 디저트로 쓰기도 하고 냉각시켜서 차게 사용하기도 한다.

🍷 Puree(퓌레)

채소나 과일을 끓인 뒤 체에 내린 것

Q

🔍 Quality

환대산업에서 음식이나 상품, 기타 서비스의 품질을 뜻한다.

● 김창호 명인의 창작 메뉴

R

🔍 Receptions

리셉션은 두 가지로 분류하는데 하나는 중식이나 조식으로 들어가기 전에 식사의 한 과정으로 베푸는 리셉션과 그 자체만으로 하는 행사인 리셉션으로 나누어진다.

🔍 Recipe(레시피)

어떤 특정 급식시설에서 특별한 목적을 만족시키기 위해 레시피를 그 시설의 여건에 맞도록 만드는 과정으로서 음식의 표준관리를 위한 하나의 도구를 의미한다. 레시피 작업 시 고려해야 할 사항으로는 품질표준, 1인분의 가격, 판매가격, 조리시간, 조리과정 등이 포함된다.

🎤 Reduce

액체를 삶아 농축시키는 것을 의미한다.

🎤 Refreshment Stand

간편한 메뉴를 만들어 진열장에 미리 진열해 놓고 포장을 원하는 고객이 간단하게 이용할 수 있는 간이음식을 판매하는 식당. 일반적으로 버스터미널, 열차역, 고속도로 휴게소에서 운영하는 식당이 이에 속한다.

🎤 Render

낮은 온도로 열을 가하여 육류조직에서 지방을 빼내는 것을 뜻하는 조리용어이다.

🎤 Responsiveness

응답성이란 의미로, 고객을 돕고 즉각적인 서비스를 제공하려는 의지를 말한다.

🎤 Restaurant Assist, Manager

식당 부지배인이란 뜻으로, 지배인을 보좌하며 영업장 운영관리, 특히 대고객 서비스 관리의 주업무를 담당하며, 지배인 부재시 대리업무를 수행한다.

🎤 Restaurant Cashier

식당 회계원을 말하며, 식당 내의 입구 쪽 계산대에서 고객의 계산서를 발행하여 현금 출납의 업무 등을 담당한다. 구체적인 업무사항은 전표의 기입 및 계산, 과금의 수납, 수납기록의 작성이다.

Rest Food Business

휴게음식점 영업이란 의미. 음식류를 조리·판매하는 영업으로서 식사와 함께 부수적으로 음주 행위가 허용되는 영업을 말한다.

Restaurant Manager

외식사업장의 책임자란 뜻. 각 식당의 운영상태 및 문제점을 파악하고, 운영에 관한 책임을 지며, 각 식당 종사원의 인사관리, 서비스 강화교육을 맡는다.

Risotto

다진 양파와 고기 스톡을 첨가하여 구운 쌀 요리로 구운 후에 파르메산 치즈를 첨가하는 요리용어이다.

Roast

오븐에서 큰 덩어리 육류를 건열방식으로 조리하는 조리용어이다.

Roe

생선알

Room Service Menu

호텔에 투숙하는 객실 고객을 위한 메뉴. 객실에서 식사할 수 있는 메뉴로 아주 다양하게 짜여 있으며 아침 요리 메뉴부터 고급요리 메뉴까지 잘 구성되어 있다. 룸 서비스 메뉴는 일반식당보다 10~15% 정도 비싼 메뉴를 적용한다.

🔔 Rosemary

강한 향기와 매운맛을 가진 스파이스. 특히 육류의 냄새를 없애는 용도로 효과적이며, 육류를 끓이거나 굽거나 졸일 때 사용한다.

🔔 Roux

같은 양의 밀가루와 버터를 섞어 소스, 수프, 그리고 고깃국물을 요리할 때 액체를 걸쭉하게 만드는 용도로 사용하는 것을 뜻하는 조리용어이다.

🔔 Royal

크림과 달걀의 혼합물을 포치한 커스터드로 Consomme의 장식으로 사용한다.

🔔 Rube Mat

욕조바닥이 미끄러워 넘어지는 사고를 방지하기 위해 사용되는 고무매트이다.

S

🔔 Safety Box

안전 금고

🔔 Safety Deposit Box

귀중품 보관함으로 금고의 각 칸에는 고객의 귀중품을 안전하게 보관하며 수납원은 하우스 뱅크로 이용한다.

Sage

소시지나 햄 가공에 많이 사용하는 스파이스, 카레 등 끓이는 요리에도 사용한다.

Salamander

열원이 위에 있는 조리기구로 주로 색을 낼 때 사용하는 조리용어이다.

Salami

간을 많이 넣은 돼지고기와 소고기의 건조 소시지를 뜻하는 조리용어이다.

Sandwich

얇게 썬 빵 사이에 고기, 달걀, 채소를 넣어 먹는 간편한 음식이다.

Saute(소테)

팬에 재료를 넣고 적당한 양의 기름으로 흔들어 가면서 볶는 것을 뜻하는 조리용어이다.

Score

음식의 표면에 칼집을 내거나 감자나 무의 썩은 부분을 도려내는 것을 뜻하는 조리용어이다.

Screw-Capped Wine

스크류 캡 와인은 오래 보관하지 않고 생명이 짧은 것으로 빨리 소비해야 하는 와인을 말한다.

Sear

강한 불로 고기의 표면을 갈색으로 굽는 것을 뜻하는 조리용어이다.

💡 Self Service

웨이터의 서비스 없이 고객이 기호에 따라 직접 메뉴를 선택하여 스스로 서비스하는 방식이다.

💡 Self Service Restaurant

고객이 기호에 맞는 음식을 직접 운반하여 식사하는 형식의 식당으로 기호에 맞는 음식을 선택하여, 위생적인 식사와 신속한 식사를 할 수 있는 레스토랑을 의미한다. 또한 가격이 비교적 저렴하고, 고객의 불평이 적으며, 종사원의 인건비가 적게 들며, 회전율이 높은 특성이 있다.

● 윤미정 대표의 창작 메뉴

💡 Self Supply Restaurants

자급 음식점업

💡 Seller's Marketing

판매자 마케팅

Service Cycle

고객이 서비스받는 과정에서 느끼는 결정적 순간(Moment of Truth)의 경험 축적을 말한다.

Sherbet(셔벗)

과일주스를 얼려 만든 빙과류

Sherry(셰리)

스페인에서 양조하는 백포도주의 하나로 엷은 색의 담백한 맛부터 진한 갈색의 달콤한 것까지
여러 종류가 있으며, 담백하고 달콤한 것은 디저트 와인을 의미한다.

Shred

아주 얇게 찢거나 썰던지, 채써는 것을 뜻하는 조리용어이다.

Sift

마른 재료를 망에 걸러서 덩어리를 없애는 방법

Simmering

물이나 액체를 98℃ 정도로 서서히 끓이는 방법을 뜻하는 조리용어이다.

Skewer

작은 조각의 고기나 채소를 꿰어 구울 때 쓰는 나무나 철로 된 긴 꼬챙이를 뜻하는 조리용어이다.

Slice

프랑스어로 자체의 면을 살려서 얇게 써는 방법을 뜻하는 조리용어이다.

Snack

가벼운 식사. 소량의 작은 샌드위치란 사전적 의미로 하루 세 끼 외에 먹는 간식을 뜻하는 말이나 요즘에는 점차 간편해지는 점심도 스낵에 포함한다.

Souffle(수플레)

프랑스 요리의 하나로 전채요리나 디저트용으로 주로 사용. 고기, 채소, 과일 등을 묽게 한 치즈, 달걀노른자에 넣고 거품을 낸 달걀흰자를 넣은 후 그릇에 담아서 살짝 구워 만든 요리용어이다.

Sour Cream

생크림을 발효시켜 신맛이 나는 크림으로 소스류나 과자류에 자주 사용하는 요리용어이다.

Sous Chef(수셰프)

부조리장 또는 부주방장

Standing Buffet Party

칵테일 파티에 식사적 요소가 가미된 요리 중심의 파티로 한 손에 접시를 들고 한 손은 포크를 집어 들고 서서 하는 식사라고 할 수 있다.

Station

접객원의 서비스 책임 구역을 의미한다.

Station Waiter System

원 웨이터 시스템이라고도 하며, 이 편성은 대개 해당 계절에만 영업을 하는 계절식당에서 가장 많이 편성되며, 헤드 웨이터를 두고 그 밑에 한 명씩 정해진 웨이터가 스테이션에 근무하면서 손님에게 식사와 음료를 직접 주문받아 서비스를 한다.

Steak

두꺼운 육류 조각을 구운 요리, 또는 두껍게 썬 육류 토막, 보통 쇠고기, 송아지고기, 양고기의 연한 부분을 구운 것을 뜻함. 생선 중에서 대구, 광어, 연어, 다랑어같이 기름기 많고 큰 생선의 내장을 빼고 토막을 쳐서 구운 것도 스테이크라고 한다.

Steep

봉지 차를 만들 때와 같이 뜨거운 물에 담가서 색과 맛이 우러나게 하는 것이다.

Stew

한국의 찌개 비슷한 서양 요리로 재료를 소스 팬에 넣고 뚜껑을 덮은 다음 장시간 푹 끓여 만드는 국물 있는 음식. 소고기를 큼직하게 썰어서 버터로 볶다가 양파, 감자, 당근 등을 차례로 넣고 다시 잠길 정도의 물을 부은 뒤 푹 끓여 양념한 것을 비프 스튜라고 한다.

Steward

육수, 고기, 채소를 넣고 오래 끓인 국물을 말한다.

Stir

원을 그리며 젓는 것을 말한다.

Storage

장기간 짐을 보관하는 장소

Stuff

조류, 어류를 통째로 요리할 때 배 속에 소를 넣는 것으로 토마토나 달걀, 빵 속을 긁어내고 다른 재료를 채워 넣기도 한다.

Swiss Steak

소고기의 Round로 만든 스테이크를 뜻한다.

T

Table d'Hote Menu

정식요리 메뉴를 뜻하는 것으로 숙박하는 고객을 위해서 제공된 식사를 의미한다.

① 신속한 서비스로 좌석 회전율을 높일 수 있다. ② 가격이 저렴하다. ③ 식자재의 관리가 용이하다. ④ 원가가 절감된다. ⑤ 메뉴 관리가 용이하다. ⑥ 고객의 입장에서 선택의 폭이 좁다. ⑦ 가격의 변화에 시의성 있게 처리할 수 있는 유연성이 결여되어 있다. ⑧ 메뉴에 대한 지식이 없어도 주문하기 쉽다는 특징이 있다.

Table Service Party

정찬 파티는 정식으로 열리는 파티로 사교상의 중요한 목적을 띠고 있다.

Table Service Restaurant

일반적인 식당으로서 일정한 장소에 식탁과 의자를 준비해 놓고 손님의 주문에 의하여 웨이터나 웨이트리스가 음식을 제공하는 식당이다. 식당에 따라 프랑스식, 미국식, 러시아식 서비스가 제공된다.

Table Setting

각 업소의 메뉴품목 구성에 따라 정해지는데 일반적으로 카운트, 테이블, 부스 등 3종류의 세팅 형식을 들 수 있다. 테이블에 세팅해 두는 물품들은 소금, 후추, 설탕 등의 양념, 냅킨, 기타 등이 있다.

Tar-Tar Sauce(타르타르 소스)

양파, 피클, 셀러리, 파슬리를 다져서 마요네즈 소스에 섞은 것으로 주로 튀김 요리에 사용한다.

Tarte(타르트)

작게 만든 페이스트리를 말한다.

Thousand Island Dressing

마요네즈에 칠리소스 또는 토마토 케첩을 넣고 삶은 달걀, 풋고추, 파슬리를 다져 넣어 1,000 개의 섬이 떠 있는 모양의 소스를 뜻한다.

Thyme(타임)

육류에 잘 어울리는 향신료. 부케가르니에 섞어 끓이는 요리에 사용하며, 육류에 타임을 발라 굽기도 한다.

Tomato Ketchup

토마토를 갈아 으깨서 졸이고 식초, 간장, 소금, 설탕 등을 넣어 조미한 소스이다.

Tomato Paste

토마토 퓌레를 다시 진하게 졸인 것이다.

Tomato Puree

완숙한 토마토를 끓여서 체에 거른 뒤 졸인 것이다.

Toss

힘을 가하지 않고 가볍게 반죽(혼합)하는 것이다.

Total Advertising Program

기업의 전 광고 프로그램을 일컫는다.

Total Impression

레스토랑의 총체적인 인상, 분위기를 뜻한다.

Tournedos(투르네도)

작은 스테이크로 고기 안심의 가는 부분(끝부분)을 사용해서 만든 Steak 메뉴이다.

Truffle

주로 프랑스에서 서식하는 검은색 버섯류(송로버섯)이다.

U

Under Counter Type

테이블 아래 세척실을 집어넣은 형태로 앞면에 개폐문이 설치되어 식기를 넣은 선반이나 내부의 식기 세트 위치에 식기를 넣어 세척한다.

Understanding The Customer

고객과 그들의 욕구를 알려는 노력의 표현이다.

Use Safe Water

고객을 위한 안전한 물을 말한다.

Utensil

음식기와 식품 또는 첨가물의 채취, 제조, 가공, 조리, 저장, 운반, 진열, 수수 또는 섭취에 사용되는 것으로 식품 또는 첨가물에 직접 접촉되는 기계·기구, 기타의 물질을 일컫는다.

V

Valuable Service

음식이나 서비스의 가치를 통칭한다.

Veau

송아지(Veal)란 뜻의 프랑스어이다.

Viande(비앙드)

육류(Meat)란 뜻의 프랑스어이다.

Vichy(비시)

주로 당근을 물에 삶아서 버터로 졸여 윤기 내는 것을 말한다.

🔔 Vichyssoise(비시수아즈)

차가운 감자 수프를 뜻한다.

🔔 Vienna Breakfast

유럽의 아침 식사를 뜻한다.

🔔 Viking Self Service

바이킹 방식이란 뜻으로 일명 뷔페식이다. 균일 요금제이며 완성된 요리 중에서 고객이 원하는 것을 선택하여 마음대로 먹는 판매방식이다.

🔔 Vinaigrette Sauce(비네그레트 소스)

식초에 소금, 후추 등의 간이 배도록 한 다음 기름을 넣어 잘 섞은 것으로 샐러드에서 빼놓을 수 없는 소스이다. 영어로는 프렌치 드레싱이라 한다.

🔔 Vinegar(비니거)

식초를 뜻한다.

🔔 Vodka

러시아의 대표적인 술이다.

W

Waffle

Pancake와 같은 반죽을 하여 Waffle Mold에 구운 메뉴이다.

Waiter/Waitress(웨이터/웨이트리스)

외식업체에서 고객에게 직접 서비스하는 숙달된 종사원(접객원)을 일컫는다.

Waiting Pantry

주방 내의 팬트리할 수 있는 식기 준비대를 말한다.

Waldorf(월도프)

뉴욕의 Hotel 이름이며 사과와 셀러리를 이용한 샐러드 종류를 뜻한다.

Wash Hands Repeatedly

손을 여러 번 씻는 것을 말한다.

Washing and Changing

세면 및 탈의실을 뜻한다.

Wellington(웰링턴)

소고기 안심을 페이스트리 반죽으로 싸서 굽는 요리로 연한 안심이 약간 익고 껍질이 바삭해질 때까지 요리한 것이다.

🔔 Whip

거품기를 사용하여 공기가 함유되도록 빠른 속도로 거품을 내는 방법이다.

🔔 Whipping Cream

생크림에 설탕을 가해 충분히 거품을 낸 것으로 장식용으로 쓰거나 커피 등에 사용한다.

🔔 WHO(World Heath Organization)

세계보건기구를 뜻한다.

🔔 Window Display

레스토랑 쇼윈도에 진열하는 것을 말한다.

🔔 Wine Vinegar

포도로 만든 향기가 높은 식초로 드레싱에 사용. 와인과 같이 붉은색과 흰색의 2종류가 있다.

🔔 Worcestershire Sauce(우스터 소스)

양파, 당근 등의 채소와 수십 종의 향신료를 넣고 끓여 만든 소스로 서양식의 끓이는 요리에 풍미를 더하기 위해 적은 양을 사용하기도 한다.

Z

🔔 Zest

오렌지, 레몬과 같이 신맛이 있는 과일의 껍질을 말한다.

🍷 Zootoxin

동물성 자연 독을 의미한다.

● 김창호 명인의 조리 실습

Common Sense of Etiquette in the USA

🔍 QUESTIONS AND STATEMENTS NEVER TO SAY TO AMERICANS

My Grandmother, Beverly Silverman, always told me, "If you don't have something nice to say, don't say anything at all."

You can use this guiding principle when interacting with Americans. Any question that weakens the confidence of the person you're talking to is a bad question for social interaction. Don't ask questions or make comments about physical features a person may be insecure about. Avoid sensitive or personal questions.

* It is very important to erase these questions from your English vocabulary, at least when you first meet someone.

Do not ask a woman her age.(If she is over 25 years old, this might offend her.)
Do not ask if someone is married.
Do not ask how much someone weighs.
Do not ask someone if (s)he is on a diet.
Do not ask someone if (s)he has gained weight.
Do not ask how tall someone is (unless they are a lot taller than you).
Do not ask why someone doesn't have children.
Do not ask if someone is gay.
Avoid talking about the topics of politics, religion and gender.
Do not ask how much money someone makes.
Do not ask about scars and pimples.

Most of these questions will be answered indirectly as you get to know people. Once someone brings up one of these topics, it is okay to talk about them in private.

In addition, do not say: You look tired."

 참고**문헌**

호텔리어 일본어, 백산출판사(2016)

현대 호텔리조트 식음료 경영론, 한올출판사(2015)

www. google.com

www. yahoo.com

저자
약력

강희석 박사

동국대학교 졸업
동국대학교 동 대학원 졸업
경기대학교 관광학 박사(졸업)

저서
호텔리어 실무 일어(백산출판사)
의료관광 일본어(백산출판사)

논문
- 미국인 잠재고객의 한국의료관광 인식조사에 의한 인바운드 투어 활성화 방안에 관한 탐색적 연구(2011)
- 비즈니스 호텔의 전략적 제휴 구성요인과 성과인식에 미치는 영향관계에 관한 연구(2013)
- 레스토랑 산업에서 조직행동과 조직 몰입에 관한 효과 및 신뢰에 관한 효과(2013)
- 중저가호텔의 전략적 제휴 구성요인이 성과인식에 미치는 영향에 관한 연구(2015) 외 다수

남태석 교수

현) 중부대학교 항공서비스학과 교수

저서
객실관리실무(한올출판사) 외 다수

Daniel Kessler Assistant Professor 2nd author
(Hotelier English in Action)

현) Dongseo University-International College

윤미정 대표

한국채식건강연구소
현) 초당대학교 호텔조리학과 외래교수
　　혜전대학교 호텔조리계열 외래교수

최현준 팀장

현) 청주대학교 박사과정
　　라온제나 호텔 지배인

저자와의
협의하에
인지첩부
생략

호텔리어 액션영어

2022년 11월 10일 초판 1쇄 발행
2023년 5월 15일 초판 2쇄 발행

지은이 강희석·남태석·Daniel Kessler·윤미정·최현준
펴낸이 진욱상
펴낸곳 (주)백산출판사
교 정 성인숙
본문디자인 신화정
표지디자인 오정은

등 록 2017년 5월 29일 제406-2017-000058호
주 소 경기도 파주시 회동길 370(백산빌딩 3층)
전 화 02-914-1621(代)
팩 스 031-955-9911
이메일 edit@ibaeksan.kr
홈페이지 www.ibaeksan.kr

ISBN 979-11-6567-577-6 13740
값 22,500원